거절하고 싶은데
말은 못 하겠고

수잔 뉴먼 지음
안지은 옮김

거절하고 싶은데
말은 못 하겠고

불편한 부탁에
단호하고 똑똑하게
거절하는 법

팬덤북스

거절은 최고의 대답이다

이 책의 첫 판을 발행한 지 10년이 지났다. 나는 지금도 거절하거나 거절을 암시하는 말을 무척 좋아한다. 예를 들어 "난 지금 일이 너무 많아요" "그건 안 될 것 같아요" "저 그날은 바빠요"라고 말하는 걸 좋아한다. 놀라운 것은 내가 거절한다고 해서 세상이 끝나지도, 아이들이 나를 싫어하지도, 친구들이 나를 멀리 하지도 않았다는 것이다. 거절한다고 해서 내 동료들에게 무시를 당한 일도 없었다.

많은 사람들은 자신이 할 수 있는 것보다 더 많이 할 수 있다고 생각한다. 하지만 제한된 시간 내에 모든 것을 다 해야 한다면 그중 하나는 포기해야 한다. 과연 어떤 것을 포기해야 할까?

우리는 생각하는 방식을 바꾸고 나만의 선을 긋고 자신을 보호할 필요가 있다. 왜냐하면 병적으로 남의 비위를 맞추려고 생긴 산더미처럼 쌓인 일에 파묻히지 않기 위해서는 나만의 선을 긋고 보호하는 일은 정말 중요하기 때문이다.

살아가면서 분명히 당신이 반드시 도와줘야 하거나 돕고 싶은 경우가 생길 것이다. 이 책은 모든 것이 자기 방식대로 풀리

길 원하는 극단적으로 자기중심적인 사람들의 행동을 합리화하기 위한 책이 아니다. 나를 포함해 요청에 대한 수락을 너무 잘하는 사람들을 위한 것이다. 또 요청을 수락한 뒤 자신을 자책하는 사람들을 위한 것이다.

이 책은 왜 거절이 최고의 대답이 될 수 있는지에 대한 새로운 상황들과 연구들로 가득 차 있다. 그리고 죄책감을 느끼거나 관계를 손상시키지 않고도 거절할 수 있는 방법을 제시한다. 이 책을 읽고 나면 당신은 무슨 질문을 받았는지, 언제 어떻게 질문을 받았는지, 얼마나 빨리 대답하는지 곰곰이 생각하게 될 것이다. 누군가의 기분을 맞추기 위해 너무 빨리 대답한 적은 없는지 말이다. 이 책의 목적은 시간, 능력, 힘, 돈, 노하우를 필요로 하는 요청, 즉 당신을 우왕좌왕하게 하고 귀중한 시간을 빼앗는 요청을 효율적으로 거절하도록 돕는 것이다. 또 당신의 결심을 더욱 굳게 하고, 대신 가장 중요하고 또 중요한 사람들을 위한 시간을 갖도록 해줄 것이다. 그 시간은 결국 당신 자신을 위한 시간이기 때문이다.

목차

제1장

거절이
힘든
사람들에게

'싫어요, 안 돼요, 못 해요'가
힘든 사람들에게

NO!

우리는 현재 수용의 힘을 찬양하는 세상에 살고 있다. 이건 하나의 흐름이다. 수많은 블로거, 자기계발서, 심지어 소설이나 영화 등도 수용이나 동의가 삶을 풍요롭게 한다고 강조한다. 이러한 흐름은 모험을 갈구하는, 특히 소심한 사람들의 고개를 끄덕이게 한다. 그런 점에서 '동의'하는 것은 나쁘지만은 않다. '동의' 또는 '수락'이 당신의 목표에 가까이 가도록 만들어주는 경우에는 말이다.

예를 들어 오랫동안 해보고 싶었지만 너무 고민하다가 용기 내지 못한 복싱 수업 참석을 마침내 수락한 경우, 또 가족들의 의견을 수용해 잘 지내는 경우, 전략적으로 동의해서 직장에서 당신의 위치를 확고히 했을 경우 등 말이다. 당신을 앞으로 한 걸음 나아가게 해주거나 기분 좋게 한다면 '동의'하는 것은 전혀 문제가 없다. 그러나 다음 같은 경우에는 문제가 된다.

요청을 수락하고 그 처리를 위해 얼마나 많은 노고가 필요한지 자각하기 전에, "네" "물론이요" "문제없어요"와 같은 말들을 입 밖으로 내뱉는 경우 말이다. 당신은 이 말을 하고 나서 맡은 일을 하고 싶지도 않고, 할 시간도 없다는 것을 뒤늦게 깨닫는다. 무엇보다 당신은 친구나 형제자매의 자녀를 돌보고 싶지도 않고, 이웃집 성가신 개를 산책시키고 싶지도 않다. 그러다 당신은 그동안 어떻게 회사에서 잔업을 했는지, 직장동료 송별파티 준비에 어떻게 얽혔는지 생각해본다. 갑자기 "이런 일들이 어떻게 나에게 자주 일어나지?"라는 의문이 든다. 만일 이런 의문이 들지 않는다면 한 번쯤은 의문할 필요가 있다.

당신이 두 살 때 조금의 망설임도 없이 반복했던 '싫어'라는 말은 오늘날 인간관계에서 문제가 되거나 아니면 불가능할지도 모른다. 하지만 이제는 거절에 다시 익숙해져야 할 시간이다. 거절은 당신 삶에 평정을 약속하고 보다 원활한 소통을 하도록 도와준다. 마음속에서 거절을 최우선시하면, 당신은 거절할 준비와 능력 모두를 가질 수 있다. 거절하면 할수록 당신의 안녕은 우선시된다.

거절하지 못하게
하는 것들

NO!

．
．
．
．
．

만약 당신이 자신에게 투자하는 시간은 거의 없고 다른 사람을 위해 일하는 사람이라면, 남의 비위를 잘 맞추는 유형의 사람이다. 그동안 당신은 그저 받기만 하며 번성하는 사람들을 도왔을 것이며, 성인이 되어서도 내내 타인의 기분을 맞춰 왔을 것이다. 그래서 받기만 한 사람들은 당신에게 받는 것이 당연한 일이었을 것이다. 이 자체로 당신은 다른 사람의 비위를 맞추는 사람 중에서도 심각하게 비위를 잘 맞추는 사람이다.

아니면 어느 순간부터 요구하는 것을 말하기 주저하거나, 원하는 것을 말하지 않고 쉽게 동의하는 사람인지도 모른다. 아니면 바쁜 것을 즐기는 '바쁨 중독자'일지도 모른다. 하루가 일로 가득 차면 행복을 느끼고, 행복을 느낄수록 타인의 의견에 동의할 가능성은 높아진다.

지나치게 열성적인 사람들은 기본적으로 '동의'를 잘한다. 어쨌든 열심히 일하는 사람들은 자기 할일을 끝낼 것이고, 주변 사람들은 그것을 잘 알고 있을 것이다. 바쁜 사람들 중 대다수는 할일이 아주 많은데도 불구하고 하나 더 할일이 생긴다 해서 뭐 다르겠냐며 자신을 합리화하기도 한다.

　또 당신은 대립이나 불쾌감을 피하려는 사람일지도 모른다. 당신에게 '동의'란 당신에게 부탁하는 사람과의 관계에서 문제가 생기는 것을 최소화하는 방법이고 관계를 손상시키지 않는 방법이기 때문이다. 종종 요구가 무엇인지 확실하게 파악하지 못해 반복해서 수락하고 동의하기도 한다. 많은 사람이 1/1000초만큼 짧은 시간의 망설임 때문에 동의한다고 한다. '오늘은 일진이 안 좋아' '오늘은 기분이 안 좋았어' '기분이 안 좋아서 방심했어' 등 여러 가지 핑계가 있다. 당신이 거절하지 못하게 만드는 것은 질문 안에 교묘하게 숨겨져 있다. 예를 들어 은연중에 느끼는 비판, 무언의 죄책감, 요구하는 사람의 기분을 상하게 하거나 실망시키는 것이 싫어서 생기는 망설임, 요구하는 사람의 힘이나 영향력에 대한 두려움처럼 말이다.

　또 상대방의 부탁을 수락할지 말지 애매한 경우, 이 애매한 부분 앞에서 당신은 우유부단해진다. 이럴 때 갑작스레 요구하면 사람은 당황하기 마련이다. 충분한 시간을 가지고 상황을 분석하기 전까지 당신은 계속 동의하는 사람일 것이다.

또는 남들이 자신을 필요로 하는 것을 좋아하거나 남의 말을 잘 받아들이는 사람으로 익숙해져 동의하기도 한다. 남들에게 협력해 다른 사람들에게 받는 사랑을 즐기고 있을지 모른다. 다른 사람에게 인정받고 자존심을 높이기를 원하는지도 모른다. 당신은 남들이 "고마워요"라고 말하는 것을 좋아하는 것이다. 즉 동의에 중독된다.

또 재미있는 일이나 중요한 것을 놓칠까 봐 두려워서, 혼자 제외되거나 남겨지는 것이 걱정되서, 거절하거나 참여하지 않으면 다른 사람들이 당신을 부정적으로 판단할 것이라는 생각에 동의한다.

남성이든 여성이든 관계없이 성장해오면서 보살피고 돌보는 것을 자연스럽게 배워 남의 비위를 잘 맞추는 사람일 수도 있다.

타인에게 적당히 내 시간을 쓰는 것은 좋지만 자신을 희생하면서까지 시간을 할애하는 것은 좋지 않다. 동의하는 사람들은 압박감을 느끼고, 지치고, 갇혔다고 느끼거나 이용당하고 자신이 만만한 사람으로 보이는 것을 언짢아한다. 무차별적으로 동의해서 받는 영향은 당신이 거절해서 상대방에게 미치는 영향보다 훨씬 더 크다.

혹시 스스로 평생 동의하고 수락하는 사람이라고 생각하고 있지는 않은가. 이제 당신도 바뀔 수 있다.

거절만 잘해도
일상이 편해진다

NO!

．
．
．
．
．
．

당신이 수락의 달인이고 거절에 미숙할 때 당신에게 거절은 완전히 미지의 영역, 정말 새로운 일일 것이다. 거절을 배우는 과정을 여행 끝에서 귀중한 결실을 얻는 모험이라고 생각해보자. 자신이 만들어 나가는 평온하고 행복한 삶과 같은 결실 말이다.

거절을 완전히 습득하려면 자신의 한계를 극복해야 한다. 거절한다고 해서 성격이 바뀌는 건 아니지만, 거절은 생각을 분명하게 말하는데 도움을 준다. 또 자신의 한계를 넘어 일하고 나서 느끼는 텅 빈 감정 또는 허탈함을 느끼지 않게 해준다. 거절 연습을 거듭할수록 거절에 익숙해질 수 있다.

거절이란 말은 어릴 때부터 부정적으로 느껴지는 단어다. 어릴 때 우리는 "안 돼!" 또는 "싫어!"라고 말하는 데 어려움이 없었다. 그러나 이 거절이란 단어는 어른이 되면서 점차 잊혀졌다.

아마도 장난감을 다른 아이와 함께 가지고 놀기를 거부했다면, 장난감을 빼앗기거나 벌을 섰을 것이다. 부모님 말씀을 잘 듣지 않았다면 장난감을 빼앗기는 등 특권을 잃었을 것이다. 이러한 어린 시절의 경험 때문에 거절에 대한 두려움이 생기고, 이렇게 생긴 두려움은 어른이 되어서도 이어진다.

자신의 시간과 건강을 보호하고 다른 사람과의 관계를 유지하며 긍정적인 변화를 만드는 거절의 진정한 힘을 이해하기까지는 시간이 걸린다. 그래서 거절을 완벽히 체득하기 전에 왜 거절이 중요한지 아는 것은 중요하다. 어쩌면 벼랑 끝에 몰리거나 심각하게 곤란한 상황에 처하지 않는다면 거절을 생각해내지 못할 수도 있다.

계속 동의만 하는 삶은 힘들다. 끊임없는 동의는 당신을 지치게 하고, 정신건강과 신체건강에도 해롭다. 이에 따라 커져만 가는 스트레스는 숙면과 성격에 영향을 주고, 심지어 우울증으로 발전하기도 한다. 스트레스가 심한 상황에 노출되면 배탈, 두통이 생기고 폭식이나 흡연으로 스트레스를 풀려는 습관이 생기기도 한다.

짧게 말해 거절은 스트레스 조절과 건강 유지에 도움이 된다. 자기 자신, 삶과 목표에 대해 생각하는 방식을 바꾸면 요청이나 요구에 대응하는 방식을 바꿀 수 있다. 시간을 들여 당신이 무엇을 원하는지, 또 다른 사람을 위해 할애한 시간 때문에 스케줄이

늦춰지거나 차질이 생긴 적은 없는지 생각해보자. 목표가 분명해지면 스케줄 문제를 보다 쉽게 해결할 수도 있다. 관대하고 잘 도와주는 사람처럼 보이기 위해 다른 사람의 부탁을 들어주는 걸 피할 수도 있다.

거절은 최고의 행복을 줄 수 있는 최고의 수단이다. 또 마음의 상태를 평온하게 하고 자신이 예정한 방향으로 나아갈 수 있게 해준다.

거절한다고 이기적인 사람이 되는 건 아니다

NO!

· · · · · ·

주변 사람 중에 부탁을 받았을 때 거침없이 거절하는 사람들을 떠올려보자. 그들이 어떻게 자신의 시간을 지키고 선을 긋는지 주목하고, 그들 중 한 사람을 본보기로 삼자.

동의한다고 더 좋은 사람이 되는 것도 아니고, 거절한다고 배려심이 부족한 사람이 되는 것도 아니다. 모든 요청을 수락하지 않고도 여전히 친절하고 이해심 있는 사람일 수 있다. 양심을 괴롭히고 진을 빼고, 엄청난 시간을 잡아먹는 '의무'에서 벗어나야 한다.

오랫동안 달성하지 못한 목표가 있으면 누구나 좌절감을 느낀다. 잠시 다른 일을 하다보면 순식간에 몇 시간, 며칠이 없어진다. 당신이 하고자 하는 일을 최우선 순위에 둬야만 고통스럽고 골치 아픈 요청을 수락하지 않는다. 자신의 의견이나 선호하는 것을 표현하려면 먼저 그게 무엇인지 스스로 알고 있어야 하고, 개인적인 목표나 업무 관련 목표를 먼저 파악해야만 목표에 도달할 수 있다.

악기 연주 방법을 배우거나 외국어 회화 능력을 키우고 싶다든지, 또는 더 오래 자고 싶다거나 시어머니 본인도 할 수 있는데 당신에게 미루는 심부름을 덜 하고 싶다 같은 단순한 목표일 수도 있다. 어쩌면 당신은 정원 가꾸기, 뜨개질, 독서회 가입, 영화 보기 등을 하고 싶었는데 그럴 기회가 없어 못하고 있는지도 모른다.

하루 종일 바쁘게 일해야 하는 고역을 그만두자. '내가 제일 먼저'라고 말하고, 생각의 방식을 바꾸고 목표 지향적이 되면 더욱 목표에 몰두할 수 있고 삶이 더 만족스럽고 보람차게 느껴질 것이다. 목표를 정확하게 파악한다면 자신만의 경계와 우선시해야 할 사항을 지킬 수 있다.

정해놓은 선을 넘는 사람들을 피하려면, 자신이 원하는 것을 계획하고 특정한 날에 시간을 따로 잡아 계획한 일을 실행하는 것이 좋다. 예를 들어 아이의 낮잠시간, 일을 마치고 돌아왔을 때, 저녁 후 1시간은 무슨 일이 있어도 나를 위한 시간으로 만드는 것이다. 누군가에게 부탁을 받아도 누구든 이 시간을 포기하고 싶지 않을 것이다.

일별, 주별, 월별 등 목록을 만들어 무언가에 동의하기 전까지 그 목록을 확인하는 연습을 해라. 자꾸 상기할 수 있도록 목록은 항상 볼 수 있는 곳에 두어라. 자주 볼 수 있게 책상 앞에 붙이거나 지갑에 넣어두면 좋다. 당신의 목록에 적힌 할일을 무시하고 다른 사람의 부탁을 받아들일 수 없도록 목록을 외우면 더 좋다. 더 이상 하고 싶지 않은 일을 떠올리는 것도 무척 효과적일 것이다. 잊어버리지 않도록 적어두자.

더욱 결심을 강화할 것이 필요하다면 컴퓨터나 책상, 자주 사용하는 전화기, 부엌 등에 '거절하기'라는 글귀를 붙여놓아라. '거절하기'라는 글귀는 자신이 가장 빈번하게 부탁을 받는 장소에 붙이면 더 효과적이다.

수시로 받는 남을 위한 요청은 당신의 계획을 무너뜨릴 수 있다. 부탁에 응하기 전에 아래의 질문에 대답해 당신만의 경계선을 더 분명히 하자.

- 나는 시간이 있나?
- 이걸 하려면 무엇을 포기해야 하는가?
- 이걸 다 하면 스트레스를 받을까?
- 수락하면 나 스스로에게 화가 날까?
- 부탁하는 사람이 싫어질까?
- 속았다거나 강제적이라고 느껴질까?
- 왜 나는 수락하지? 이로 인해 내가 얻는 건 무엇일까?

거절에 익숙해지면 익숙해질수록 늘 쫓기듯 사는 삶에서 안정되고 만족스러운 삶으로 다가갈 가능성이 높아진다. 때때로 거절의 힘을 극대화하려면 언제 동의해야 하는지, 언제 자신의 입장을 고수해야 하는지, 타협할 때는 언제인지를 이해하는 것이 필요하다. 거절해도 친구나 가족, 직장동료나 상사들과 좋은 관계를 유지할 수 있다.

당신이 자신에게 전념하기로 한 후에도 어떨 때는 더 강하게 자신만의 경계선을 그을 필요가 있다. 연인에게 거절하기란 쉬울지 모르겠으나 아이들에게 거절하기란 어려울 수도 있다. 언제 자신만의 경계선을 유지하는 것이 어려운지, 또 언제 쉬운지를 생각해보길 바란다.

거절하는 몇몇 방식은 지나치게 현실적으로 보일지도 모르겠지만 그것이 인생의 현실이다. 사람이 그렇다는 걸 받아들이고 싶지 않겠지만 그것이 진위이고, 때때로 인정하기 어려운 인간 본성이다. 당신이 다른 사람에게 어떻게 보이는지 걱정하는 것만큼 다른 사람들은 당신을 신경 쓰지 않는다. 또한 당신이 거절하는 순간, 사람들은 그들의 부탁에 응해줄 다른 사람들을 찾아간다.

거절은 자신의 의견을 개진하고 주장할 수 있게 해준다. 그리고 거절함으로써 삶의 주인이 될 수 있다. 시험 삼아 이런저런 일을 거절해보라. 첫 번째 거절에 성공하면 다음 거절은 더 쉽다. 거절하는 이유를 길게 설명하지 말라. 긴 설명은 논란이나 오해의 여지를 남기고 차후에 다시 부탁받을 상황을 만들 수 있다.

거절 심리 퀴즈

당신은 얼마나 남의 비위를 맞추는 사람일까?

① 운동 시간, 휴식 시간, 충분한 수면 시간, 할일을 처리할 시간이 부족한가?　　YES ☐　NO ☐

② 의견을 내거나 자신이 원하는 것을 요구하는 게 어려운가?　　YES ☐　NO ☐

③ 어떤 요청을 수락하고 후회한 적이 있는가?　　YES ☐　NO ☐

④ 누군가의 부탁을 거절했을 때 죄책감을 느끼는가?　　YES ☐　NO ☐

⑤ 부탁한 사람을 원망한 적이 있는가?　　YES ☐　NO ☐

⑥ 사랑받거나 다른 사람의 마음에 들기를 원하는가?　　YES ☐　NO ☐

⑦ 요청을 수락한 뒤 속았거나 조종당했다고 느끼는가?　　YES ☐　NO ☐

⑧ 일부 인간관계는 편파적이라고 생각하는가? '이 사람이 나한테 해주는 것이 있나?'라는 의문이 든 적이 있는가?　　YES ☐　NO ☐

⑨ 사람들이 당신을 항상 이용한다고 생각하는가?　　YES ☐　NO ☐

⑩ 재미있는 이벤트를 놓치거나 소외받는 두려움이 걱정돼서 초대나 모임의 참석 여부를 결정하는가?　　YES ☐　NO ☐

⑪ 어떤 문제가 있을 때마다 개인적인 희생을 강요당하는 것 같은가?　　YES ☐　NO ☐

⑫ 책임감 있고 신뢰할 만한 사람으로 생각해주길 원하는가?　　YES ☐　NO ☐

⑬ '더 이상 재미있지 않아'라고 생각할 때가 있는가?　　YES ☐　NO ☐

⑭ 다른 사람을 위해 하는 일은 너무 많고, 자신을 위해서 하는 일은 거의 없다고 생각하는가?　　YES ☐　NO ☐

⑮ 다른 사람들이 당신의 가치를 결정하도록 하는가?　　YES ☐　NO ☐

만약 위의 질문에 '예'가 '아니오'보다 많다면, 당신은 아마도 너무 자주 동의하는 유형의 사람이다. 다시 말해 당신은 병적일 만큼 남의 비위를 잘 맞추는 사람이다.

제2장

일상에서
거절하고 싶은데
말은 못 하겠고

당신에겐 부탁을
선택할 수 있는 권리가 있다

기본기

. . . . . .

단호하게 거절한다고 해서 당신이 호전적이거나 이기적이라거나 강압적인 사람이라는 것을 나타내는 건 아니다. 단호하게 거절한다는 이유만으로 비난받아야 할 필요도 없다. 거절을 잘하는 사람은 단지 스스로를 보호하는 방법을 알고 있는 사람일 뿐이다.

반면 동의나 수락을 잘하는 사람이라면 기만감, 좌절감, 피곤함을 느낄 가능성이 높다. 사람들이 자신에게 부탁을 너무 많이 한다고 비난할 수 있지만, 사람들이 당신에게 많이 부탁하는 건 당신 탓일 수도 있다. 이제부터라도 사람들의 부탁을 '선택할 수 있는 권리'를 행사해야 한다. 거절을 잘한다면 요청을 수락해서 생기는 과중한 짐에서 벗어날 수 있다. '거절하기'란 자기 보호이고 자기 보호는 이기적인 것이 아니다.

당신은 부탁받은 모든 일을 거절할 수도 없거니와 모든 일을 거절하고 싶지도 않을 것이다. 그러나 균형을 찾아야 한다. 다른 사람에게 사랑받고 존경받기 위해 언제나 동의하는 사람이 될 필요는 없다. 거절은 당신에게 자유를 줄 뿐만 아니라 당신의 권리이고, 당신을 강하게 한다. 요청을 거절할 때 거짓말이나 변변 찮은 변명들로 포장하지 말자. 꾸며낸 거짓말과 변명은 죄책감을 느끼게 한다. 죄책감은 당신이 제일 피해야 하는 것이다. 다음은 '거절할 때 사용할 수 있는 문구'와 '거절 신조'를 정리한 것이다. 잘 활용해서 효과적으로 거절하길 바란다.

〈거절 문구〉

- …하지 않는 것이 좋겠습니다.
- …가 편치 않네요.
- …에 저는 적합한 사람이 아닙니다.
- 유감스럽지만, 애석하게도, 불행스럽게도 … 할 수 없습니다.
- 할 수 있다면 좋겠지만…
- 정말 도와 드리고 싶지만… 다음번에 찾아주십시오.
- 다음번에 하겠습니다.
- 물어봐주셔서 고맙지만 지금 너무 바쁩니다.
- 생각 좀 해봐야겠습니다.

〈거절 신조〉

◦ 한 번이 어렵지, 그 다음 거절은 쉽다.

◦ 응하지 못하는 것에 사과하지 말라.

◦ 부탁에 응한다고 해서 좋은 사람이 되는 건 아니다.

◦ 만족시킬 수 없는 일에 애쓰지 말라.

◦ 당신의 한계를 파악하라.

◦ 확신에 찬 거절을 해라.

◦ 거절의 결과를 두려워하지 말라. 그 결과는 당신이 생각하는 것만큼 나쁘지 않다.

◦ 대부분의 사람들은 이해하고 용서한다. 그리고 용서할 줄 모르는 사람은 당신의 인생에 필요하지 않다.

◦ 거절은 당신을 자유로워지게 하고 당신의 권리다.

◦ 거절할 수 있도록 자신의 계획과 니즈를 중심에 둬라.

◦ 개인적인 선을 긋고 보호해라.

◦ 처음에는 일단 거절하고, 원한다면 나중에 마음을 바꿔라.

◦ 당신 능력 밖의 일은 멀리 해라.

◦ 당신이 동의하도록 압력을 주거나 칭찬하는 자들을 거부해라.

◦ 시간을 버는 것은 당신에게 주어진 특권이다. 대답을 미뤄라.

◦ 즉각적인 대답을 요구하는 자들을 거부해라.

시간을 벌어
거절하기

어떤 요청은 완전히 거절하거나 수락하기 전에 거절 여부를 생각해 볼 필요가 있다. 이와 같은 요청에는 에둘러 말하거나 애매하게 대응하자. 요청이 무엇인지 곱씹어 보고 거절 여하에 따른 결과를 생각해보자. 이때 '시간 벌기 전략'을 사용하면 확신이 설 때까지 곤경에 빠지는 걸 피할 수 있다.

거절 여부를 애매하게 대답하면 약간의 시간을 벌 수 있다. 이 시간은 후에 거절해도 상대방이 보다 쉽게 수용할 수 있게 하고, 상대방 요청을 들어주지 못하는 그럴만한 이유가 있었다고 생각할 시간을 갖게 한다. 또 엮이고 싶지 않은 일이었다는 걸 깨닫게 한다.

어떠한 방식으로든 부탁하는 사람을 돕고 싶을 수도 있고, 그에 대응하고 싶지 않다고 느낄 수도 있다. 물론 처음 요청 받았을 때는 이런 것들이 머릿속에 떠오르지 않는다. 어쨌든 생각할 시간을 갖게 되면 당신이 망설이고 있다는 걸 상대방이 느끼고, 결국 앞으로 생길 부탁도 막을 수 있다.

거절 01.

점심시간에 스트레스를 받은 직장동료가 업무 관련 도움을 요청한다. 친절한 사람이 되고 싶지만 쉬는 시간에는 일하기 싫다면 어떻게 거절해야 할까?

> 김 대리, 이 일 좀 도와줄 수 있을까? 이것 때문에 나 돌아버리겠어!
>
> 동료

> 점심시간 끝나기 전에 할 일이 있어. 적어도 30분은 걸릴 거 같아서 도와주기 어려울 것 같아.
>
> 나

✂ --

NO!! 거절 가이드

당신의 즉각적인 도움이 필요한 상황이라면 시간 벌기는 잘 통한다. 다른 사람의 스케줄에 내 스케줄을 맞출 필요는 없다.

거절 02.

아는 사람이 당신과 식사를 하고 싶어 한다. 당신은 그다지 그 식사에 흥미가 없다. 하지만 집요하게 하루를 고르라고 한다면?

점심이나 저녁 같이 할 날짜 정하자.
언제가 좋아?

지인

나 진짜 바빠.
다음 달이나 다다음달에 무슨 일이 또 생길 지도
모르겠고. 다시 연락줄게.

나

✂ --

NO!! 거절 가이드

그다지 어울리고 싶지 않은 사람인데 거절하기가 어렵다면 바빠서 만나기 힘든 좋은 친구들이 당신 삶에 많다는 걸 떠올려라. 당신이 시간을 끌며 핑계를 대다보면 언젠가 는 그 사람도 만남에 관심이 없다고 깨닫고 당신에게 더 이상 강요하지 않을 것이다.

거절 03.

어머니가 아버지가 돌아가신 후에 힘들어하신다. 당신과 당신의 배우자는 어머니가 어떻게 하면 편하게 생활하실 수 있을지 고민이다. 그러던 중 어머니가 잠시 같이 살자고 하신다. 잠시 같이 사는 건 괜찮은데 계속될까 봐 걱정이다. 이럴 때 어떻게 해야 할까?

엄마

영희야, 네 아버지가 돌아가신 이후 매우 외롭다. 너희 집에서 잠시 머물러도 되겠니?

엄마, 다른 방법도 생각해보고 다같이 논의해요. 모두에게 최선인 방법으로요.

나

NO!! 거절 가이드

돌보는 사람이 신체적, 정신적, 감정적으로 극도의 피로 상태에 놓일 수 있는 게 사실상 문제가 된다. 부모와 같이 살게 된다면 가족의 삶이 얼마나 급격하게 바뀔지 생각해봐야 한다. 죄책감이나 두려움 때문에 섣부르게 동의한다면 나중에 상당한 스트레스와 마찰을 직면할 수 있다.

거절 04.

친구가 단톡방에서 '할로윈데이 술집 순회'를 제안하며 회비를 걷어 맥주를 마시자고 한다. 친구의 아이디어는 한참 전에 들었지만 솔직히 맥주를 마시지 않는 당신은 회비 3만 원이 조금 비싸다고 느껴진다. 다른 친구들은 모두 호응의 문자를 보내고 있고, 모두가 당신의 반응을 기다리고 있는 상황이라면?

우리 5명이 각자 3만원씩 내면 맥주 단체 할인 받아 마실 수 있대!

친구

얘들아, 나는 참여할지 확실히 모르겠어. 생각해보고 말해줄게!

나

✂ ---

NO!! 거절 가이드

빠르게 이야기가 돌아가는 단톡방 분위기 때문에 충동적으로 대답해본 적이 있을 것이다. 잠시 내버려두면 그사이 당신 대신 다른 사람이 초대될 수도 있다. 이럴 때는 애매하게 대답하기보다 확실하게 반응하는 것이 낫다.

거절 05.

당신은 그녀와 이별하고 싶다. 다만 헤어지려 할 때마다 그녀는 정말 훌륭한 저녁식사를 만들어준다거나 당신 아파트에 잘 어울리는 의자를 사주거나 해서 말을 못했다. 어떻게 말하면 좋을까?

여친

> 자기야, 우리 집 가족 행사 다음 달 10일이야.
> 그때 꼭 와야 해. 다른 약속 잡지 마.

> 미안한데 가족 행사는 부담스러워.
> 그리고 나 너랑 만나는 거 다시 생각해보고 싶어.

나

NO‼ 거절 가이드

궁합이 맞지 않으면 결국은 관계를 유지할 수는 없다. 말하기 불편해서 상대방을 속이는 것은 좋지 않다. 연인의 가족 행사에 참여하는 것은 사이를 더 깊게 만든다. 더 깊은 사이가 되길 원치 않는다면 빨리 말해야 한다.

거절 06.

가까운 사이가 아닌데 결혼식에 초대받았다면 어떻게 해야 할까? 업무 약속이 있을 수도 있고, 금전적인 상황도 생각해봐야 하고 너무 피곤한 일은 아닌지 생각해봐야 한다면?

지인

> 영희 씨, 우리 결혼식에 꼭 와줄 수 있지?

> 물어봐줘서 고마워요. 그런데 참석할 수 있는지 정확히 확인해봐야 할 것 같아요.

나

✂---

NO!! 거절 가이드

거절한다는 것은 관계의 끝을 의미하지 않는다. 당신 시간이 되지 않음을 의미한다. 약속한 뒤에 불참하는 것은 오히려 관계에 금이 갈 수 있다. 약속하기 전에 시간을 두고 생각하면 상황을 정확하게 판단할 수 있다. 누구든 거절해야 하는 일은 거절해야 한다.

분명하고 확실하게
거절하기

효과적으로 시간을 버는 방법도 있지만 가장 확실한 대응은 제대로 거절하는 것이다. 과거에 누군가에게 문제 해결에 도움을 주었다면 당신은 다시 부탁받을 확률이 높다. 분명한 거절은 보다 공평하게 주고받는 협조하는 상황을 장려하고, 동시에 당신의 에너지와 시간을 보호한다. 선택의 여지가 없어 궁지에 몰린 것 같지만 항상 선택의 여지는 있다.

많은 사람들이 거절당하면 요청 방식을 바꾼다. 또 자신의 욕구가 충족되기를 원하고 돕는 사람을 신경 쓰지 않는다. 지나치게 관여하지 않고도 도움을 줄 수 있는 방법은 많다.

동의만 하다가 확실히 거절을 하면 사람들과의 관계에서 어색함이 느껴질 수도 있다. 이를 극복하려면 당신에게 부탁하는 사람들에게 당신은 여전히 그들을 아끼고 그들을 소중하게 생각한다는 인식을 주는 것이 중요하다.

거절 07.

차 없는 친한 친구가 차를 빌려달라고 한다. 당신은 아무에게
도 차를 빌려주고 싶지 않지만 친한 친구가 상처받는 것이 싫
어 거절하기가 애매한 상황이다.

친구

> 영희야, 주말에 네 차 빌려줄 수 있니?
> 너 주말에 아무 계획 없다고 했잖아.

> 미안해. 난 다른 사람에게 절대
> 차를 빌려주지 말자는 주의야.

나

✂ --

NO!! 거절 가이드

친구가 차를 절실히 필요로 할 수도 있지만 차를 빌려주면 당신은 불편할 수 있다. 친
구가 타고 나서 고장이나 사고가 나서 차를 고쳐야 하는 상황까지 기꺼이 감수할 수
있다면 빌려줘라. 그게 아니어도 만약 차를 빌려주기로 결정했다면 부탁에 응하기 전
에 다음 사항을 고려해보아라. 차를 돌려줄 때는 기름을 가득 채워주는가? 빌려주기
전처럼 차가 깨끗한가? 차를 빌리는 사람이 정말 고마워하고 있는가?

거절 08.

당신의 부모님은 관심이 지나치다. 그런데 이번에는 당신이 아파트를 살지 말지까지 관여한다면 어떻게 선을 그어야 할까?

부모님

> 딸, 너 지금 그 아파트 사려는 거 아니지?
> 절대 안 돼. 돈이 안 되는 아파트다.

> 아니오, 엄마 결정했어요.
> 내가 살 집은 내가 정해요.
> 여기가 좋아요.

나

✂ --

NO!! 거절 가이드

많은 부모들이 독립하려는 자녀를 놓아주기 힘들어한다. 그들은 당신의 선택에 대해 결점을 찾고 또 찾으려 한다. 동네가 너무 위험하다던지, 아파트가 너무 작고, 옷장이 충분하지 않으며, 너무 시끄럽고, 너무 외진 데 있으며, 자신들과 너무 멀리 떨어져 있다는 이유 등등 말이다.

거절 09.

지나친 칭찬 때문에 무리한 부탁을 거절하지 못할 때가 있다.
이런 칭찬을 계속 받기 위해 "알았어"라고 말하고 싶지만 그러
기엔 하루 이상의 시간이 걸릴 일이다. 어떻게 해야 할까?

친구

내일 내 남자친구 도착하기 전에 책장 만드는 것
좀 도와줄래? 내 수리 솜씨 영 꽝인 거 알잖아.
넌 정말 새것처럼 만드는데 말이야.

칭찬 고마워. 어려울 수 있지만 너도 하다보면 충분
히 할 수 있어. 네 자신을 너무 과소평가하지 마.

나

✂ ---

NO!! 거절 가이드

당신을 전문가라고 부르는 사람들을 경계해라. 아첨은 당신을 방심하게 하고 요청을
당장 수락하게 한다. 그럴 땐 당신도 상대방을 같이 칭찬해서 상대방의 자신감을 올
려주는 게 좋다.

거절 10.

잘 모르는 분야에 대해 상대가 조언을 구해올 때가 있다. 특히 부동산, 주식, 자동차 같은 돈을 필요로 하는 것에 대한 조언은 최악의 경우 상대방과의 관계에 좋지 않은 영향을 미칠 수 있다.

동료

> 영희 씨, 저 그 콘도(새 자동차, 주식) 사야 할 것 같지 않아요?

> 잘 모르겠네요. 저는 잘 알지도 못하고 돈이 들어가는 일이라 조언 드리기가 어렵네요.

나

✂ -

NO!! 거절 가이드

주저함을 보여줌으로써 당신이 조언하길 꺼린다는 걸 분명히 보여준다.

#기본기

거절 11.

당신은 헬스장에서 몇 시간 동안 땀 흘리며 운동해 체중 감량 중이고 당신의 노력이 만족스럽다. 그런데 친구는 당신의 엄격한 식단을 하찮게만 생각한다. 처음에는 갸우뚱해 하더니 본격적으로 비판과 잔소리를 하기 시작했다.

친구

> 너, 그 말도 안 되는 식단 그만 둬.
> 먹으면서 운동해야지.
> 치킨이랑 떡볶이 한번 먹어봐. 얼마나 맛있다고.

> 절대로 먹지 않을 거야.
> 힘들게 다이어트하고 잘 참고 있는데 대놓고 이러는 거 예의가 아닌 것 같다.

나

✂ -

NO!! 거절 가이드

그녀의 제안에 동의해서 한 입 먹는다면 계속 그 친구는 체중 유지에 대한 노력을 방해할 것이다. 그녀가 친구라면 당신의 노력을 방해하는 대신 응원해야 하지 않는가? 단호하게 거절하는 것이 자신의 목표를 이루는 가장 좋은 방법이다.

거절 12.

부모님이나 시댁 식구들이 당신의 아이 이름을 지어 왔다. 이름이 마음에 들지 않을 때 어떻게 거절해야 할까?

부모님

> 만약 사내아이라면 이름은 철수가 좋겠어.
> 여자아이라면 영희가 아주 좋은 이름일 것 같다.

> 아니오.
> 저희 아이 이름은 저희가 지을 게요.

나

✂ -

NO!! 거절 가이드

당신 부부가 결정해서 아이 이름을 짓고 싶다면 가족들에게 정확히 마음을 전달하자. 당신의 아이 이름이 시부모님이나 친정 부모님 마음에 들어야 할 이유가 없다. 내 아이 이름은 내가 결정한다.

거절 기본기

1. 우선순위를 명확히 파악하라.

걱정이나 부담감을 느끼지 않는 한도에서 누구를 가장 우선시하는가? 자녀? 친구? 부모님? 연인? 상사?

2. 시간을 어떻게 분배하고 있는지 주목하라.

예를 들어, 당신에게 주어진 대부분의 시간이 어느 한 친구를 도와주는 데 쓰인다면 다른 친구는 언제 만날 것인가? 가족이나 일이 당신의 시간을 많이 잡아먹고 있다면 자신만의 즐거움을 찾는 데 남겨진 건 무엇인가?
시간 관리를 잘하면 자신만을 위한 시간을 확보할 수 있다.

3. 언제, 어떻게 사람들의 부탁에 응하는지 생각해보아라.

일주일 동안 몇 번이나 부탁에 응했는지 적어보아라. 당신이 거절하지 못하는 사람 쪽에 속한다면 그 결과를 보고 경악할 것이다. 몇 번이나 동의를 해야 적절한지는 사람에 따라 다르다. 어떤 사람은 한 번 응한 것으로 낭패감을 느낄 수 있고, 또 어떤 사람은 네 번 이상 응한 경우에 낭패감을 느낄 수 있다. 횟수가 중요한 게 아니라 수락으로 인해 얼마나 스트레스를 받고, 시간에 쫓기며 화가 났는지가 중요하다. "내가 왜 동의했지?" "대체 무슨 생각했던 거야!" "나 뭐 하고 있는 거지?" "다른 일을 할 수 있었을 텐데" 등의 부정적인 반응 말이다.

4. 모든 걸 다 하려고 하지 마라.

동시에 좋은 연인, 좋은 부모, 성공적인 사업가가 되려는 건 누구에게나 어렵다. 이 모든 걸 다 하려 했다면 당신은 아마도 모든 사람의 기대에 부응하는 사람이 되지 못해 죄책감을 느꼈고, 그걸 메우기 위해 지나친 책임감을 가지거나 성실하게 행동했을 것이다.

5. 자신의 한계를 수용해라.

각 개인은 신체적, 정신적으로 정해진 양의 에너지가 있다. 당신은 지치지 않고 다른 사람의 문제를 얼마나 관대하게 다룰 수 있는가? 얼마나 오랫동안 아낌없이 주기만 하는 한쪽으로 치우친 관계를 용인할 수 있는가? 어떤 유형의 부탁이 당신을 초조하게 하고 불쾌하게 하는지 생각해보라. 언제 당신의 체력이 바닥나는가? 정말 부담스러운 요구는 어떤 것인가?
몸과 마음은 활기를 찾을 수 있는 휴식시간이 필요하다. 자신의 한계를 받아들이지 않는다면 건강을 지키기 어렵다.

6. 자신이 맡은 일을 줄이도록 다른 사람에게 감독권을 주어라.

다른 사람에게 감독권을 주는 것이 못미덥거나, 다른 사람에게 내 일을 맡기면 일을 성공시킬 수 없다는 생각이 든다면 결국 당신은 훨씬 더 많은 일을 수락하게 된다. 자신이 희망한 대로 일을 수행하기 위해 모든 걸 혼자서 하려는 마음을 버리면 압박감도 줄고 불필요한 요청을 수락하는 걸 막아줄 것이다.

제3장

친구에게
거절하고 싶은데
말은 못 하겠고

당신을 불편하게 만드는 친구와
거리를 두는 방법

친구

친구의 의미를 생각하면 간절한 친구의 부탁을 거절하기란 매우 힘든 일이다. 친구 요청을 거절할지 말지 결정하기 전에 가장 먼저 누가 진정한 친구이고 누가 지인인지 생각하는 것이 좋다.

그런데 SNS는 친한 친구든 아니든 인간관계의 선을 많이 허물었다. 매일 이야기하는 친구뿐만 아니라 오랫동안 만나지 못하는 친구들과도 SNS에서는 매일 대화가 가능하다. SNS 업데이트를 확인하고, 사진을 보고, 메시지를 주고받으면서 개인생활과 직장생활에 대해 자세히 알게 되어 겉보기에 관계는 더욱 친밀해진다. SNS를 통해 수년 전에 연결이 끊어진 지인들과 다시 연락하기도 하고, 새로운 친구든 오랜 친구든 그들과의 우정을 다시 생각해보기도 한다.

친구라고 해서 다 같은 친구는 아니다. 이 친구는 공평하게 내가 주는 것만큼 주는 친구인가? 아니면 당신의 좋은 성격이나 도움 주는 성격을 이용하는 친구인가? 진짜 우정이라면 양쪽 모두에게 유익하고 만족스러운 것이어야 한다. 진실한 우정인지 아닌지 의심된다면 생각해보아야 할 것이 있다.

최근 몇 년 동안 우정과 관련된 많은 연구결과를 반영한 결과, 매사추세스 공과대학 연구진이 발견한 것이 있다. 그것은 연구대상들이 친구 관계라고 말한 사람들의 절반이 그 연구대상을 친구로 생각하지 않았다는 것이다.

우정을 재평가하는 것은 누군가와 관계를 끊는다는 의미가 아니다. 당신이 어느 정도 교류하고 싶은 관계인지 이해하려는 것이다. 특정한 사람과 가끔 점심식사를 하거나 함께 스포츠 행사에 참석하는 건 좋지만, 같은 곳에서 일하거나 매일 상호 작용하는 것은 꽤 어려운 일일 수 있다.

때로는 친구와 잠시 시간을 두고 거리를 두는 것이 필요하다. 함께 어떤 활동에 참여하는 것은 두 사람 사이를 가깝게 할 수 있지만, 함께하는 것이 기쁘기보다 힘들다면 거리를 둘 필요가 있다. 올레길의 하이킹을 꿈꾸는 친구가 야외활동을 싫어하는 당신 보고 같이 하이킹을 가자고 채근하면, 약간의 거리를 둘 때가 온 것이다.

모든 친구가 당신의 가장 친한 친구일 필요도 없고 당신의 친밀한 사랑을 받을 이유도 없다. 당신은 자신을 실망시킨 사람이나 자주 실망스럽게 한 사람들과 가깝게 지낼 필요도 없다.

진심으로 당신을 돌보고 지지하는 친구들에게 진심을 다해라. 견고한 우정은 장수하게 한다는 과학 연구결과도 있다. 누가 지인이고 진정한 친구인지를 결정하는 것은 중요한 일이다. 가족은 선택할 수 없지만 친구의 경우라면 선택의 여지가 있다.

긍정적인 우정
VS 부정적인 우정

당신은 친구에게 의존하고, 친구들 또한 당신에게 의존한다. 아마도 당신이 생각한 것과는 다른 의미로 말이다. 어떤 친구는 당신의 상담 역할을 하기도 하고, 어떤 친구는 당신을 응원하기도 하고, 아니면 보호자같이 든든한 친구도 있을 것이다.

어떤 친구는 당신을 북돋아줘서 당신이 생각하는 것보다 더 많은 것을 성취하게 해주기도 한다. 이 우정은 소중하고 긍정적이라, 당신은 이런 친구와의 우정을 지키고 싶을 것이다.

하지만 이 반대편엔 부정적인 우정이 있다. 그 영향이 당신에게 어떤 영향을 미치는지 조금 보여주기 위해서, 연구원들은 부정적인 우정이 하루에 담배 15개비를 흡연하고, 하루에 여섯 잔의 술을 마시는 것과 동등한 영향을 끼치는 것을 발견했다. 당신은 부정적인 영향을 미치는 '우정'을 영구히 차단하거나 또는 무언가를 원할 때만 연락하는 친구를 끊는 대담한 조치를 취해야 한다.

모든 사람이 영원히 좋은 친구일 필요도 없고 당신의 세심한 관심을 받을 필요도 없다.

거절한다고 해서 당신이 남을 괴롭히는 사람이 되는 것도 아니고, 옹졸하거나 무신경한 사람이 되는 것도 아니다. 당신은 계속해서 다른 사람을 돕겠지만 어떤 방식으로 도울 것인지, 누구를 도울 것인지 식별할 수 있어야 한다.

당신에게 이로운 것이 무엇인지 생각하고 다른 사람이 나를 어떻게 생각하는지 신경 쓰지 않아야 거절이 더욱 쉬워진다. 사람들의 기억력은 놀랍게도 그렇게 좋지 않다. 오로지 당신만이 죄책감을 느끼고 있고 그 죄책감 아래서 걱정하고 있는 것이다.

거절 01.

당신은 몇 번 술 마신 친구를 대신해 운전해준 적이 있다. 모임때마다 그 친구가 대리 운전을 부탁한다면 어떻게 거절해야 할까?

친구

> 친구야, 오늘도 운전 대신해줄 거지?
> 네가 최고다. 휘발유 값은 내가 낼게!

> 아니, 이번엔 못하겠어.
> 술 마시지 말고 그냥 이제 네가 해!

나

✂ --

NO!! 거절 가이드

휘발유 값보다 하룻밤 신나게 노는 것이 더 좋을 수 있다. 자신의 계획대로 따르게 만드는 친구들을 조심해라.

거절 02.

당신과 친구는 정말 친했다. 하지만 그녀가 멀리 이사해서 관계가 소원해졌다. 그녀와 연락이 끊길까 봐 두렵고 다시 친해지길 바래왔지만, 오늘밤 갑자기 연락해서 뜬금없이 만나자고 한다면?

친구

> 잘 지냈어? 우리 한동안 연락이 끊겼잖아!
> 나 다시 돌아왔어. 오늘 저녁식사 어때??

> 오늘밤?
> 이렇게 갑자기 만나는 건 힘들 것 같아.
> 오늘 말고 토요일은 어때?

나

✂ -

NO!! 거절 가이드

가깝게 지내던 친구가 거리상 멀어지면 서먹서먹한 지인이 될 수 있다. 당신과 친구는 서로에게 친근한 것 같지만 당신은 이제 더 이상 가장 친한 친구가 아니라는 것을 안다. 친구의 갑작스러운 연락이 예전처럼 관계를 다시 회복할 수 있는 기회지만 내 스케줄을 변경하면서까지 만나는 건 피하는 것이 좋다.

거절 03.

연인이었던 남자친구와 친구로 남기로 합의했고, 몇 달 동안 친구의 선을 잘 지키고 있다. 그런데 어느 늦은 시각 말할 상대가 필요하다고 문자가 왔다면?

친구

> 아직 안 자?
> 나 지금 누군가 말할 사람이 필요해.

> (······.)

나

NO!! 거절 가이드

일단 무시하는 것이 좋다. 답하고 싶다면 차라리 아침에 답해라. 문자 메시지로, 그것도 늦은 밤이라면 감정 가득한 대화를 주고받을 확률이 높다. 연락이 당혹스럽다면 응답하지 않는 것으로 선을 넘었다는 메시지를 보낼 수 있다.

거절 04.

친한 친구가 돈과 관련해서 지나친 부탁을 해온다면?

친구

지난주에 계약한 집이 있는데 돈이 조금 모자라. 지나친 부탁인 건 아는데 대출금 연대보증 신청해줄 수 있어? 나 믿을 만하잖아.

나도 네가 그 집을 얼마나 마음에 들어하는지 알지만 연대보증은 어렵겠다. 친할수록 돈 거래는 안 했으면 좋겠어.

나

✂ -

NO‼ 거절 가이드

이 정도의 돈은 친구가 단번에 갚을 수 있는 금액이 아니다. 최악의 경우 당신이 경제적으로 정말 힘들어질 수 있다. 특히 연대보증은 당신의 신용을 나쁘게 할 수도 있고, 친구가 돈을 갚지 못할 경우 당신이 100퍼센트 그 대출금을 지급해야 할 수 있다.

거절 05.

친구로 남을지 좀 더 관계를 발전시킬지 모르는데 상대방이 당신과 함께 찍은 사진을 SNS에 올리고, 태그를 걸고 싶다고 부탁한다면?

너 사용자 이름이 뭐야?
태그할게.

여사친

나 오늘 상태가 별로야. 사진 찍는 건 싫지 않지만 SNS에 올리진 말아줘.

나

NO!! 거절 가이드

SNS는 여러 가지 측면에서 연애사에 영향을 미친다. 어떤 사람들은 연애담을 공유하고 싶어 하지만 상대방이 거북해 한다면 하지 않는 게 당연하다. 상대방에게 정확한 의사를 전달했는데도 받아들여지지 않으면 대화 주제를 바꾸거나 데이트 상대를 바꿔라.

거절 06.

당신 친구는 남자친구랑 헤어짐을 경험할 때마다 남자친구랑 싸울 때마다 당신이 달려와주고 위로해주길 바란다. 어쩌다 한 번은 이해하지만 매번 당신이 달려가야 하고 그때마다 마음이 불편하다면?

철수가 헤어지재. 나 너무 힘들어.
우리 집에 지금 당장 와줘.ㅜ.ㅜ

친구

미안해. 지금 당장 갈 상황이 아니야.
나중에 전화할게.

나

✂ -

NO!! 거절 가이드

친구를 포함해 그 누구도 이별에서 느끼는 내 고통을 지워줄 수는 없다. 그것은 시간이 해결해준다. 힘들다고 당신의 시간이나 생활을 방해한다면 적절하게 거절해야 한다.

일방통행 우정
차단법

우정의 기간이나 깊이는 관계마다 다르다. 사람들은 변하고 우정은 끊임없이 발전하거나 퇴보한다. 의존할 수 있던 친구가 무언가를 지나치게 기대하기도 하고 지나치게 의존하기도 한다. 또 어떤 친구는 조언할 때마다 너무 많은 조언을 하기도 한다. 친구가 당신일에 너무 간섭할 수도 있고 지나치게 당신을 쥐고 흔들거나 비판적일 수 있다. 당신을 피곤하게 하고 참을 수 없는 성가신 행동을 할수도 있다.

당신은 도움을 주고 싶지만 우정이 일방통행처럼 느껴질 때 결단을 내려야 한다. 친구가 왜 그렇게 행동하는지 이해할 필요 없이 거절을 통해 자신을 보호해야 한다. 거절하는 것은 당신이 소중하게 여기는 우정을 보호하기 위해서 중요하다. 소중히 여기는 우정이란 관심과 걱정, 지지와 믿음, 상호존중, 수용, 사생활 존중, 경청이 담긴 우정 말이다.

거절 07.

친구는 힘들 때마다 당신에게 의존한다. 그녀의 우울한 이야기를 들으면 덩달아 우울해진다. 친구가 매번 우울한 이야기를 한다면 어떻게 조언해야 할까?

> 왜 내 인생만 이렇게 엉망이지?
> 나만 불행한 것 같아.

친구

> 매번 불행한 이야기는 상황을 더 그렇게 만드는
> 것 같아. 오늘은 부정적인 이야기 말고, 긍정적인
> 것에 집중하고 즐겁게 보내자.

나

NO!! 거절 가이드

어떤 관계에서 누군가 끊임없이 좋지 않은 일을 이야기하면 그 이야기를 듣는 상대방은 기분이 나빠진다. 이러한 관계에서는 좋은 우정도 식기 마련이다. 사람들은 이야기해야 기분이 나아진다고 하지만 잘못된 생각이다. 순간적인 안도감만 줄 뿐이다. 친구가 부정적인 이야기를 반복한다면 단호하게 나에게는 그만 이야기해달라고 말하자.

거절 08.

친구가 외모에 대한 지적을 하고 조언까지 한다. 자신의 외모 기준을 당신에게 강요하는 친구가 있다면?

친구

> 너 머리 염색하면 훨씬 젊어 보일 것 같아. 해볼 생각 없어?

> 제안 고마워. 그런데 난 새치 머리가 좋아. 뭔가 좀 달라 보이잖아. 그리고 내 머리는 내가 알아서 할 게. 신경 쓰지 않아도 될 것 같아.

나

✂ -

NO‼ 거절 가이드

당신이 외모에 대한 제안을 달가워하지 않는다는 걸 알아야 더 이상 그런 말을 하지 않는다. 친구는 당신의 겉모습이 그다지 좋지 않다고 말하는 것이다. 이에 대해 쏘아 붙이거나 불쾌함을 표시하지 말고 상냥하게 응답해라. 당신 친구는 자신이 지나쳤다는 걸 느낄 것이다.

거절 09.

당신과 당신의 배우자는 자녀 한 명 이상 키울 생각이 없다. 하지만 네 자녀를 둔 친구는 그건 그냥 하는 이야기지 더 낳아야 한다고 생각을 강요한다. 친한 친구라는 이유로 만날 때마다 아이를 더 낳으라고 말한다면?

친구

> 영희는 볼 때마다 더 예쁘네.
> 그런데 혼자 노니까 너무 외로워 보인다.
> 영희한테 영희처럼 예쁜 동생 만들어줘.

> 아니야. 우린 아이 하나면 충분해.
> 그리고 외동이라고 다 외롭지는 않아.

나

✂ --

NO!! 거절 가이드

한때 외동에 대한 편견이 있었지만 최근 전 세계적으로 한 자녀만 있는 가정이 늘고 있다. 그러나 여전히 외동은 말도 안 된다고 생각하는 사람들이 있다. 당신의 결심과 생각이 우선이다. 만일 친구 중에 외동 자녀에 대한 당신의 생각을 반박하려는 친구가 있다면 자신의 의견을 정확히 말하고, 그래도 반복된다면 거리를 두는 것이 좋다.

거절 10.

친구가 자신을 위해서 그러는 건지 아니면 질투하는 건지 모르겠지만 아무 이유 없이 지금 사귀는 남자친구와 헤어지라고 단호히 조언한다면?

친구

> 영희야, 그 남자와 그냥 끝내는 거 어때?

나

> 왜? 이유가 있어? 생각해줘서 고마운데, 내 일은 내가 알아서 할게.

✂---

NO!! 거절 가이드

제멋대로 당신의 연애관계를 조작하려는 사람들과의 우정이 괜찮은지 생각해봐라.
자신을 위한 결정이 아니라면 다른 사람에게 조언하기는 쉽다.

거절 11.

당신은 친구와 거의 싸운 적이 없다. 그래서 친구의 의견에 반대하거나 논쟁을 하면 친구가 당신을 비난할 것 같다. 그냥 당신 생각을 주장하는 것보다 친구 말에 동의하는 게 편하다. 그럼에도 불구하고 당신이 진심으로 반대하는 의견에 친구가 지긋지긋하게 동의를 구해온다면?

친구

> 내 생각이 맞지 않니?

> 난 좀 다르게 생각하는데?
> 너랑 아무리 친하지만 생각이 다른 걸
> 강요하지는 않았으면 좋겠어.

나

NO!! 거절 가이드

관계를 유지하거나 상대로부터 인정받기 위해 자신이 하는 말을 가리는 것은 피곤한 일이다. 당신이 반대한다고 친구가 당신을 싫어한다면 다른 친구를 사귀는 편이 좋다.

거절 12.

좋아하는 친구가 술을 너무 많이 마셨다. 그리고 이건 처음 있는 일이 아니다. 당신은 친구의 음주 습관에 문제가 있고 개선이 필요하다고 생각해왔다. 그런데도 친구가 계속 술을 더 먹자고 한다면?

친구

> 나 한 잔 더 주문할게.
> 너도 한 잔 더 할래?

> 아니야. 난 됐어. 내 생각엔 너도 그만 마셔야 할 것 같아.

나

✂ -

NO!! **거절 가이드**

개인의 취미생활에 대해 왈가불기하는 건 선을 넘는 일일 수 있다. 하지만 건강과 안전에 관한 것이라면 다르다. 진정한 친구라면 잘못된 음주 습관은 알려줘야 한다.

친구 초대,
전략적으로 거절하는 법

사람들은 결혼식, 임신 축하 파티, 성년식 그리고 집들이나 저녁식사 파티 등에 많이 초대를 받아야 인기가 있다고 생각한다. 하지만 초대받은 모든 곳에 참석하는 일은 여유도 없지만 현명하지 않은 일이다. 당신이 사람들과 잘 어울리는 건 좋지만 전략적으로 거절하는 것이 사회생활에서 느낄 수 있는 극도의 피로감을 피하는 데 도움이 된다.

친구 아들의 졸업 기념 오찬이나 친구 어머니 생일파티에 참석할 수 없다고 말하는 건 결코 쉬운 일이 아니다. 그런 행사는 초대하는 사람에게 매우 중요하기 때문이다. 보고 싶지 않은 영화 초대, 가고 싶지 않은 여행 초대, 기분 내키지 않을 때의 파티 초대 역시 거절하기 어렵다. 그래서 당신이 중요한 초대에만 응할 수 있는 접근법을 제시하고자 한다.

#친구

거절 13.

한 해의 마지막 날은 뭔가 즐겨야 할 것 같은 압박감이 있다. 압박감은 엄청 나서 누구와 마지막 날을 즐기고 싶은지, 심지어는 자신이 그날을 즐기고 싶었는지도 혼란스러울 때가 있다. 마침 그때 친구가 31일에 놀자고 제안한다면?

친구

우리 12월 31일에 우리 집에서 모여서 놀자!

너무 많이 남아 있어서 아직 결정하지 못했어. 그리고 올해는 집에 있고 싶은 마음이 더 커.

나

✂ -

NO!! 거절 가이드

당신이 그날을 어떻게 즐기기로 결정하든 그걸 설명할 필요는 없다.

거절 14.

좋은 친구들이 모이는 자리라는 걸 알지만, 가고 싶지 않은 모임에 초대를 받았다면?

우리 이번에 파자마 파티할 거야.
너도 꼭 와야 해!

친구

초대해줘서 고마워. 나도 가고 싶고 모두와 함께하고 싶지만 올해는 가지 않을게.

나

✂ --

NO!! 거절 가이드

아무리 좋은 모임이고, 친구들이 다 모인다 할지라도 당신은 당신만의 취향이 있고 당신의 취향대로 행동할 권리가 있다. 원하지 않는다면 정중하게 거절하는 것이 좋다.

거절 15.

친구 사이에서 서로가 서로의 삶을 조정하려고 할 때가 있다.
친구가 마음대로 주말에 여행을 예약하고 함께 가자고 한다면?

> 주말에 너랑 가려고 스키여행 예약했어.
> 정말 재밌겠다! 그치?

친구

> 아무리 우리가 친하지만 동의를 구하지 않고 예
> 약하는 건 예의가 아닌 것 같아. 네가 날 형편없
> 는 친구라 생각할지 모르겠지만 나는 가고 싶지
> 않아.

나

✂ ---

NO‼ 거절 가이드

다른 사람들을 조종하는 사람들은 자신이 거절당할 거라 생각하지 않는다. 오랫동안
친구가 원하는 대로 행동했다면 이제는 자유의 몸이 되자. 한두 번 거절하다보면 앞
으로는 동의 없이 약속을 잡기 전에 당신에게 먼저 물어볼 것이다.

거절 16.

당신은 이제까지 많은 소개팅을 해왔다. 특히 철수와 영희가
소개했던 사람 중엔 마음에 드는 사람이 없었다. 그들은 당신
에게 호의를 베푼다고 생각하지만 당신은 이미 친구들이 소개
해주는 만남이 지겹고 어색하고 불편하다. 그런데 또 친구들이
동의 없이 소개팅 약속을 잡아버렸다면?

친구

> 너에게 딱 맞는 사람을 찾았어. 오늘 우리 집에서
> 저녁식사하자. 내가 있으니까 친해지기 쉬울 거야.

> 고맙지만 사양할게. 나를 걱정하는 건 고마운데,
> 당분간 소개팅하고 싶지 않아.

나

✂ --

NO!! 거절 가이드

누군가 당신을 걱정한다고 해서 그가 당신의 이상형을 이해하는 건 아니다. 좋은 친
구 사이라면 소개팅을 거절한다고 해서 소원해지지 않는다.

거절 17.

당신은 친구를 좋아하고 공통점이 많지만 쇼핑 스타일이 정말
다르다. 매번 너무 다른 쇼핑 스타일 때문에 기분이 상해 헤어진
일이 많았는데도 친구가 또 쇼핑을 같이 하자고 부탁한다면?

친구

> 토요일에 쇼핑하자!
> 이번엔 진짜 빨리 살게.

> 미안해, 너랑 쇼핑 못 하겠어.
> 우리 쇼핑 스타일이 너무 달라.
> 그리고 나 너랑 싸우고 싶지 않아.
> 대신 점심을 먹자.

나

✂ ---

NO‼ 거절 가이드

쇼핑 시간이나 스타일이 너무 다른 사람과 쇼핑을 하면 원치 않는 기나긴 곤혹스런
시간만 보낸다.

거절 18.

당신은 철수와 친하지 않다. 당신은 철수를 좋아하지도 않고, 몇 년 전 다툼도 있었다. 말도 하지 않는 사이라 초대자 명단에 함께 있다는 사실에 놀랐다. 당신에게 연락한 친구가 이 사실을 모르고 있다면?

친구

철수를 위해 깜짝 파티를 계획 중이야.
너도 와야 해!

초대는 고마운데 못 갈 것 같아.
가고 싶지만 다음에 초대해줘.

나

NO!! 거절 가이드

당신과 철수 사이의 문제에 대해 자세히 언급하지 말라. 당신에게 연락 준 사람이 듣고 싶은 이야기는 아닐 테니까 말이다.

예의를 갖춰
거절하기

사회적으로 정해진 규제 안에서 거절하고자 하는 소망은 사라진다. 당신의 좋은 친구들이 만든 무언의 규칙과 기대 때문에 그러고 싶지 않아도 당신은 동의할 수밖에 없는 상황에 놓인다. 단순히 친절해 보이려고 동의하기도 한다.

인식된 의무를 사회적으로 올바르게 처리하는 건 어렵다. 특히 당신이 '정중'하고 '옳다'는 것을 자랑스럽게 생각한다면 말이다.

당신은 어떤 초대를 거부하거나 온라인 메시지 요청에 응답하지 않을 수 있다. 거절하기 위한 현명한 방법을 찾아내는 동시에 예의를 갖추고 친구와 지인들과 좋은 관계를 유지하는 건 당신의 의견을 표현하는 강력한 방법이다.

거절 19.

당신은 잘 베푸는 사람이지만 친구와 식사할 때마다 당신이 계속 돈을 지불했다. 돈 이야기는 불편하기 때문에 그동안 이야기하지 않았지만 다시 돈과 관련해서 불편한 상황이 생긴다면 한번 제대로 이야기하고 싶었다. 오늘도 웨이터가 계산서를 테이블 중앙에 놓은 것을 보았지만 친구는 역시나 계산할 생각이 없어 보인다.

친구

(계산서를 보고도 돈을 낼 생각이 없다. 가만히 핸드폰만 보고 있다.)

영희야, 돈 이야기 불편한데 내가 매번 돈을 낼 수는 없어. 오늘은 내가 내겠지만 다음부턴 꼭 반반씩 내자.

나

✂--------------------------------

NO!! 거절 가이드

당신 친구가 현금이 없거나 신용카드 한도를 초과한 것은 당신의 문제가 아니다. 질문을 받으면 당신이 공정하다고 생각하는 것을 분명히 말해라. 당신이 다시 그녀와 식사를 하러 간다면 반반씩 내기로 했다는 걸 그녀에게 상기시켜라. 그녀는 이미 주의를 받았고 당신이 거절할 것을 예상하고 있을 것이다.

거절 20.

멀리 사는 친구가 당신 집 근처에 며칠 머물게 되었다. 친구는 당연히 당신이 자신에게 시간을 할애할 것으로 생각한다. 당신은 친구가 보고 싶지만 하루종일 함께 있어야 하는 상황이 부담스럽다면?

친구

> 나 너의 집 근처에 며칠 머물 거야. 우리 같이 있을 시간이 많아서 너무 좋다. 나 매일 만나줄 거지?

> 사실 그때 정말 바빠. 너랑 온종일 시간을 보낼 순 없겠지만 종종 만나자.

나

✂ -

NO‼ 거절 가이드

친구가 근처에 방문했다고 해서 당신의 바쁜 일정을 모두 접고 친구에게 모든 시간을 투자하는 일은 어리석은 일이다. 그래도 마음이 불편하다면 당신이 해야 하는 일에 친구를 포함시켜라.

이웃의 부탁을
거절하기

우리 대부분은 이웃과 친절한 관계를 유지하고 싶어 한다. 가깝기 때문에 서로 주고받는 것이 자연스럽다. 하지만 이런 관계는 당신이 베풀려는 마음을 이용하는 상황으로 만들기가 쉽다. 친절한 이웃이 되고 싶다는 마음 때문에 성가시고 시간만 낭비하는 일을 맡을 필요는 없다.

이웃관계를 우호적으로 유지하는 것은 어렵고 까다롭다. 무조건 참고 부탁을 거절하지 않다보면 마음과는 다르게 금방 관계가 나빠질 수 있다. 가능한 애초에 요청을 단호히 거부하는 것이 더 나은 선택이다. 당신의 도움 없이도 이웃들은 잘 지낼 수 있다.

거절 21.

당신의 나이든 이웃이 혼자 살고 최근 수술을 받아서 회복할 때까지 보살펴주었다. 가끔 요리도, 운전도 대신해주었다. 그 이후 이웃은 회복했고 충분히 혼자 다닐 수 있게 되었다. 그런데 황당하게도 아들에게 보낼 생일카드를 사다달라고 당신에게 부탁했다면?

이웃

> 영희 엄마, 나 아들에게 보낼 생일카드 마트에서 사다줄 수 있나요?

> 전 오늘 마트 갈 시간이 없어요. 그리고 있다고 하더라도 제가 할일은 아닌 것 같아요.

나

✄--

NO‼ 거절 가이드

당신이 큰 도움을 줬는데도 불구하고 계속 의존하게 내버려두면 당신은 이웃의 독립을 막고 있는 것이다. 이제는 정확하게 거절할 때이다.

거절 22.

당신의 이웃이 아이 부탁을 한 건 이번이 처음이 아니다. 그리고 매번 말도 없이 한 시간은 연장되어 매번 불쾌했다. 그런데 또 이런 부탁을 해온다면?

이웃

> 철수 엄마, 목요일 오후에 한 시간 동안 우리 아이 봐주실 수 있나요?

> 아니요. 매번 약속을 지키지 않아서 이번엔 힘들겠어요.

나

✂ --

NO!! 거절 가이드

당신을 좌절시키는 다른 사람들의 행동을 관찰하라. 당신 자녀를 똑같이 돌봐준 적이 없다면 이용당했다는 느낌만 받을 것이다. 거절이 어렵다면 당신의 아이도 돌봐줄 것을 똑같이 요구하라.

#친구

거절 23.

자신은 바쁜 사람이고, 당신은 늘 집에 있는 사람이라고 생각해서 무리한 부탁을 당연하게 해온다면?

이웃

> 영희 엄마, 택배를 직접 받아야 하는데, 제가 밖이라서 받을 수가 없어서요. 대신 받아주시면 안 될까요?

> 아니오. 제가 지금 중요한 전화를 기다리고 있어 안 될 것 같아요. 다른 분에게 부탁하세요.

나

✂ -

NO!! 거절 가이드

사람들은 당신이 집에서 일을 하거나 집에 있는 사람이라고 생각하면 당연히 도와줄 시간이 있다고 생각한다. 시간이 많아도 할일이 없어도 들어주고 싶지 않은 부탁은 들어줄 의무가 없다. 이런 선을 넘는 부탁은 단호하게 거절하라.

거절 24.

동네에서 무료로 진행하는 어린이 축구팀 코치를 맡게 된 당신에게 자기 아들을 무턱대고 뽑아달라고 이웃이 부탁을 해온다면?

이웃

> 철수 아빠, 이번 축구팀에 우리 아들 몰래 뽑아주면 안 될까요?

> 제가 할 수 없는 일이에요. 축구팀에 아드님을 넣고 싶다면 다른 친구들처럼 똑같이 신청하세요.

나

✂ -

NO‼ 거절 가이드

당신이 아무리 영향력이 있더라도 지인이라고 해서 부탁을 들어줘야 하는 건 아니다. 영향력이 있는 사람이라면 더욱더 무리한 부탁에 냉정하고 단호하게 거절하는 것이 중요하다. 그래야 앞으로 무리한 부탁으로 인해 불편한 일이 생기지 않는다.

거절 심리 퀴즈

당신의 우정은 균형 있고 유익한가?

① 당신은 친구가 부탁하기 위해 찾는 사람인가?　　　　　YES ☐　NO ☐

② 친구들과의 대화에서 주로 이야기를 하는 사람인가, 아니면 친　YES ☐　NO ☐
　구들 문제를 들어주는 사람인가?

③ 친구들과의 대화는 당신의 희망사항이나 걱정거리보다는 친구　YES ☐　NO ☐
　들의 바람이나 걱정에서 시작되는가?

④ 당신은 친구 직장에서 일어나는 일을 잘 알고 있는 반면, 당신　YES ☐　NO ☐
　친구는 당신 직장에서 일어나는 일을 모르고 있지 않은가?

⑤ 갈등이나 대립을 피하려고 친구에게 종종 동의하는가?　　　YES ☐　NO ☐

⑥ 친구들 중 몇몇은 죄책감을 느끼게 하는가? 또는 한 번 이상 의　YES ☐　NO ☐
　도적으로 당신에게 죄책감을 안겨준 친구가 있는가?

⑦ 몇몇 친구들을 계속 우선시해야 해서 특정 친구들을 만나는 걸　YES ☐　NO ☐
　미룬 적이 있는가?

⑧ 친구와 만나고 나서 활기를 느끼기보다 힘이 빠진 적이 있는가?　YES ☐　NO ☐

⑨ 친구들에게 부탁받은 것을 해준 후에 당신이 잘해서라기보다　YES ☐　NO ☐
　그들이 하기 싫어서 부탁했다고 의심한 적이 있는가?

⑩ 친구의 감정이 상하는 것이 싫어서 동의하는 편인가?　　　YES ☐　NO ☐

위의 질문에 '네' 대답을 많이 했다면 당신의 우정은 일방통행이다. 당신이 싫어하는 일에
몰아넣는 친구와 거리를 두는 방법을 배우고, 또 혹시나 친밀한 우정관계에 있지 않은 누군
가의 사랑이나 관심을 받으려고 노력하는 건 아닌지 다시 생각해보길 바란다.

제4장

가족에게
거절하고 싶은데
말은 못 하겠고

가족의 부탁을
거절하기가 힘들다면

가족

우리에게 가족은 정말 소중하다. 가족은 친구나 동료보다 더 친밀하기 때문에 갈등 없이 우애를 유지하고 싶다. 가족은 우리의 든든한 지원자이며, 우리를 응원해주는 치어리더 같은 존재다. 우리는 힘들 때나 기쁠 때나 부모, 시부모, 형제자매, 사촌 등 가족이라는 이름으로 얽힌 사람들에게 의지한다. 그러나 어떤 경우에는 이런 가족에게 이용당하기도 한다.

대부분 가족의 부탁을 거절하면 무심하고 정 없는 사람처럼 보일까 걱정한다. 또 가족의 기분을 상하게 할까 봐 걱정한다. 겉보기에 아무런 문제가 없어 보이는 거절이 몇 달, 몇 년 더 나아가 평생 가족 불화 또는 분열로 이어질 수 있다. 불화를 피하기 위해 친구관계를 끊는 것은 가능하지만 가족은 어렵다.

하지만 이제 당신의 생활을 침범하고 어느 때고 당신이 그어

놓은 선을 넘어온다면, 당신은 가족에게 새로운 선을 그을 때다.

가족이나 친척과 시간을 보내는 건 즐거운 일이지만 때때로 그들은 당신의 사생활을 침해하거나 어이없는 것을 부탁한다. 또 당신의 바쁜 삶에서 수용할 수 없는 요구를 하기도 한다. 친구들의 요청을 모두 들어준다고 해서 우정관계가 좋아지는 것이 아니듯 가족도 마찬가지다.

너무 많은 시간과 긴밀한 유대 관계를 공유해왔기 때문에, 가족에게 거절하는 것은 불가능해 보인다. 무엇보다 그들은 당신의 약점을 누구보다 더 잘 안다. 그들이 마음먹고 파고들면 당신은 거절할 수 없다.

하지만 당신은 가족이나 친척의 행복을 책임질 필요도 없고 늘 위로해줄 필요도 없다. 한 사람이 가족을 위해 모든 것을 희생할 수는 없다. 이 점만 깨달아도 가족의 요청을 거절할 때 훨씬 덜 스트레스를 받을 것이다.

부모님이
선을 넘을 때

부모님에게 선을 긋고 요청이나 부탁을 거절하기란 어려운 일이다. 어쩌면 부모님 두 분 모두, 아니면 부모님 중 한 분은 당신이 순종적이고 예의바르게 자라도록 가르쳤을 것이다. 오랫동안 당신은 부모님의 요청에 늘 같은 방식으로 반응하며 살아왔지만, 이젠 달라져야 한다. 왜냐하면 당신은 어른이 되었고 당신이 꾸리는 가정이 있다면 더더욱 바꿔야 한다.

어른이 된 당신은 더 이상 순종적인 말 잘 듣는 자녀일 필요가 없다. 부모님이라는 이유로 성가신 부탁이나 불필요한 부탁을 많이 해온다면 당신은 계속 피곤한 삶을 살게 될지도 모른다. 긴장이나 갈등을 두려워하는 사람들은 부모님의 요청이나 명령을 거절할 수 있다는 걸 깨닫지 못한다. 부모님에게 일부러 모욕을 주거나 상처를 주거나 부모님을 무시하는 자녀들은 거의 없다.

당신이 부모님의 부탁을 거절한다고 해서 버릇없고 예의 없는 모습으로 비치는 건 아니다. 부모님은 항상 끊임없이 충고하고, 보호하려 하고, 그들만이 최선책을 안다고 생각하는 경향이 있다. 하지만 다시 말하지만 지금 당신은 어른이 되었다.

친인척들도 비슷하다. 결혼을 통해 합쳐진 가족에 대해 우리는 아는 점보다 모르는 점이 더 많다. 당신이 그들 삶에 들어올 때까지 그들은 그들의 방식으로 살아왔고, 시부모들은 그들의 자녀들과 많은 시간을 보냈다. 그들이 당신을 예뻐한다 하더라도(또는 그렇게 말한다 하더라도) 당신은 그들 삶에 무언가 장애물이 된다. 이러한 현실을 감안할 때, 부모와 마찬가지로 친인척들은 당신의 삶을 불안하게 만들거나 어렵게 만들 수 있다.

거절하지 못하고 매번 부탁을 들어주며 살다가는 부모와 인척들 사이에서 크고 작은 갈등을 겪을 것이다. 부모님이나 인척이 사사건건 당신의 모든 일에 참견하지는 않겠지만 당신이 필요하다고 생각할 때 적절하게 거절할 수 있어야 한다. 거절을 통해 당신이 그들에게 의존하는 삶, 그들 중심으로 돌아가는 삶에서 졸업했다는 걸 그들에게 또 스스로에게 알려야 한다. 몇 번 거절하고 나면 그들의 기대는 바뀐다.

거절 01.

부모님들은 무언가를 이야기하면 당신이 그대로 따를 거라 생각한다. 이렇게 부모님 의견을 그대로 따르면 오만가지 일을 더 하게 된다는 걸 당신은 알고 있다. 이때 당신은 어떻게 해야 할까?

엄마

> 영희야, 오늘 아버지 집에 혼자 계시니까 네가 오늘은 집에 꼭 있어야 한다.

> 엄마, 저도 같이 있어드리고 싶지만 약속이 있어서 오늘은 안 될 것 같아요.

나

NO!! 거절 가이드

당신이 하고 싶은 일이 아닌데 자식이라는 의무감 때문에 무조건 모든 부탁을 들어야 할 필요는 없다. 열 살배기 말 잘 듣는 아들 또는 딸로 되돌아가지 않도록 주의해라. 가능할 때 도움을 드리는 것이 좋다.

거절 02.

당신 부모님이나 시부모님은 여행을 갈 때마다 당신에게 비행기 티켓이나 기차 티켓을 예매해달라고 부탁하신다. 그리고 여행사 직원 대하듯 하나부터 열까지 지시를 내린다. 그리고 어렵게 예약한 티켓을 다시 취소하는 일이 반복된다면?

엄마

얘야, 아버지와 날 위해 비행기 예약 좀 해줄래? 호텔 예약도 부탁한다.

이제 엄마, 아빠도 예약하실 수 있을 것 같아요. 이번에 한번 직접 해보시는 거 어때요? 모르시는 건 도와드릴게요.

나

✂ -

NO!! 거절 가이드

무조건 도와드리는 당신에게 익숙한 부모님은 계속해서 기대게 된다. 부모님이 하실 수 있는 건 알려드리고, 부모님이 하시기 힘든 것만 도와드리자. 언제까지 모든 상황에서 부모님을 도와드리기는 힘들다. 피치 못할 사정으로 부탁을 들어드리지 못하면 부모님도 당신도 마음이 불편해질 것이다.

거절 03.

당신 어머니는 멀리 사는데도 참견이 지나치시다. 옷부터 집 인테리어까지 하나하나 다 참견하신다. 당신 옷장에 어머니가 보낸 취향과 맞지 않는 물건들로 가득 차 있다면, 영상통화로 당신의 집 인테리어에 대해 잔소리하신다면 어떻게 말해야 할까?

엄마

> 딸, 커튼이 좀 더 진한 색이면 좋을 텐데. 엄마가 사준 소파에 맞는 걸로 다시 주문할게.

> 지원해줘서 고마워, 엄마. 하지만 커튼은 필요 없어. 창문도 이대로 괜찮아.

나

✂ --

NO!! 거절 가이드

당신을 위해 물건을 사는 어머니는 행복함을 느낄지 모르겠지만 그 잡동사니들과 함께 살아야만 하는 사람은 당신이다. 감사를 표시하여 대답을 부드럽게 하되 원하지 않는 것은 단호히 거절하라.

#가족

거절 04.

일상이 바빠서 부모님을 찾아뵙지 못했다. 부모님을 뵈러 가도 오래 머무르지 못할 것 같아서 찾아뵙지 못했는데, 부모님께 섭섭하다는 연락이 왔다면?

엄마

> 딸아, 오랫동안 얼굴을 볼 수가 없네. 네가 어떻게 생겼는지 잊어버릴 것 같다.

> 엄마, 찾아뵙고 싶었는데 너무 바빴어요. 날짜를 정해 만나요.

나

✂ ---

NO!! 거절 가이드

당신은 때때로 부모, 시댁, 가족이 없는 삶을 누릴 권리가 있다. 부모님을 찾아뵙지 못한 것에 죄책감은 갖지 말자.

거절 05.

엄마가 페이스북에 당신을 팔로우하고 친구 요청을 했다. 당신은 뭔가 불편했지만 엄마니까 친구 요청을 받아들였다. 그런데 엄마가 페이스북에 올린 사진에 공개적으로 댓글을 달고 댓글로 잔소리를 한다면?

엄마

> 너 보통 때 옷 이렇게 입고 다니니?
> 다음부터는 절대 입지 마.

> 엄마, 다시 페이스북에 그런 댓글 남기면 엄마 차단할 거야. 엄마, 내가 애야?

나

✂ ---

NO!! 거절 가이드

온라인에서도 선을 그을 수 있다. 당신의 부모님은 처음에는 놀라시고 기분이 상하실지 모르겠지만 사람들 앞에서 비난받고 싶지 않다는 메시지를 전하는 건 중요하다. 그리고 부모님이 당신의 페이스북 친구가 될지 말지는 심사숙고하라. 불필요한 갈등이 생길 수 있다.

거절 06.

수진 이모는 어머니의 세 번째 사촌이다. 아주 어릴 때 이후로 이모를 본 적도 없고 먼 친척 같아 결혼식에 초대하고 싶지 않은데 엄마가 초대해야 한다고 강요한다면?

수진 이모와 삼촌 부부를 결혼식에 초대하고 싶으니 연락드리고 인사드리러 다녀와.

엄마

아니, 엄마. 우리는 결혼식을 아담하게 하고 싶어요. 우리가 이모를 초대하면 이모 형제자매 다 초대해야 하고, 그럼 모르는 다른 사람들까지 다 초대해야 하는데 우리가 합의한 초대 손님 수를 훨씬 넘을 거예요.

나

✂ --

NO!! 거절 가이드

어머니에게 이 결혼식은 내 결혼식이고, 어머니가 원하는 결혼식을 해야 하는 건 아니라고 일깨워줘야 한다. 부모님 기분이 상할 수도 있지만 결혼식에 당신이 모르는 사람을 초대할 필요는 없다.

형제 관계에서
거절하는 법

형제 관계에서는 다양한 심리가 작용한다. 어떤 형제자매는 친밀하게 우정을 쌓으며 가깝게 자라지만, 또 어떤 형제자매는 논쟁하거나 경쟁하며 자란다. 또 일부 형제자매는 서로에게 너무 조심하거나 또 너무 보호하며 자란다. 사람들은 성인이 되어 어렸을 때 형제자매와 잘 지내지 못한 것에 죄책감을 느끼기도 한다. 어떤 종류의 관계든 어린 시절의 관계는 어른이 되어서도 영향을 미친다. 오랜 시간 형성된 패턴이 있기 때문이다.

형제자매가 당신에게 요청하는 진짜 이유가 선의이든, 아니면 이기심이나 위세 때문이든 그 요청에 어떻게 응답하느냐에 따라 형제자매 사이의 감정에 또는 당신 삶에 영향을 끼칠 수 있다.

거절 07.

언니는 언제나 가족 일에서 리더다. 모두 언니 의견을 따르는 편이다. 하지만 언니의 이메일을 받은 후 기대하던 파티가 두려워졌다. 그 내용엔 초대장 디자인하기, 파티 음식 준비하기, 아버지가 좋아하는 케이크 굽기를 포함하고 있었다. 매번 언니 의견대로 해야 해서 피곤하다면 어떻게 해야 할까?

> 동생아, 아빠 생일 파티 계획 메일로 보냈으니 확인하고 그대로 진행해.

언니

> 언니, 이 계획 나는 별로야.
> 만나서 다른 계획에 대해 의논해보자.

나

✂ -

NO‼ 거절 가이드

언니의 의견이 매번 옳을 수 없다는 걸 언니에게 알려줄 기회다. 언니가 매번 모든 걸 하기도 벅찰 수도 있다. 가족 행사만큼은 서로 의견을 나눠 결정하고 똑같이 분배할 수 있도록 협의하는 것이 중요하다.

거절 08.

동생이 당신의 사정이나 상황은 고려하지 않고 자기 사정만 말하면서 부모님 일을 도우라고 한다면? 그리고 그런 경우가 자주 일어난다면?

동생

> 언니, 토요일에 아빠, 엄마 이사 도울 수 있어?
> 나는 애들 축구 수업 때문에 못 갈 것 같은데.

> 나도 토요일은 힘들어.
> 같이 일요일에 가는 게 어때?

나

✂ --

NO!! 거절 가이드

매번 똑같은 부탁을 하고 요청을 하는 형제자매라면 서로의 스케줄을 너무 많이 공유해서 그럴 수도 있다. 그리고 내가 스케줄이 없더라도 내 마음이 여유롭지 않으면 되도록 함께하는 방향으로 끌고 가자.

거절 09.

당신은 언니와 친하다. 하지만 언니는 종종 당신을 하인 부리 듯 부린다. 전에는 그런 언니의 행동이 별로 꺼려지지 않았지 만 점점 언니는 자신이 할 수 있는 일까지 당신에게 기대기 시 작했다.

언니

> 동생아, 내 이력서 수정 좀 해라.

> 언니, 언니가 수정하고 초안 작성 해주면 꼼꼼히 읽어줄게.

나

✂ --

NO!! 거절 가이드

형제자매 사이에서 주고받기가 지나치면 의존으로 바뀐다. 큰 실수를 피하도록 힘껏 도와주고 혼자 할 수 있도록 한발 물러서라.

거절 10.

형제자매가 부모님 선물에 드는 비용을 당신에게 혼자 부담하라고 부탁한다. 여유로운 경제력 때문에 당신이 계속 가족의 프라이빗 뱅커가 되어야 한다면?

동생

또 부탁해서 미안한데,
엄마 집 수리하는데 필요한 돈 좀 보내주라?

우리 다 같이 내야지.
나 혼자선 부담 못해. 나도 돈 없어서 곤란하거든.

나

NO!! 거절 가이드

경비를 분담하자고 주장하고, 공평한 해결안을 모색하기 위해 타협하라. 당신의 형제자매가 당신보다 당신 돈을 좋아하는 것처럼 느껴진다면 비용 부담을 그만둘 때이다.

거절 11.

당신 여동생은 매일같이 당신 도움을 필요로 한다. 그녀는 자신만이 문제가 많고 할일도 제일 많다고 생각한다. 당신은 매번 그녀를 돕고 그녀의 문제를 해결해주는 일이 힘들다. 그럴 때마다 곤란하고 마음이 불편하다면?

동생

언니, 나 고민 생겼어, 도와줘.

오늘은 나도 좋지 않은 일이 있어서. 네 일까지 고민하기 힘들어. 우리 이제 각자 일은 각자 알아서 하자.

나

NO!! 거절 가이드

끊임없이 돌봐줘야 하는 동생과 함께 보내는 시간, 그리고 이야기 시간을 줄여라. 당신의 일과 문제에 감정적인 준비를 하고 집중할 수 있도록 말이다. 어떤 가족은 당신이 많이 도와주고 함께해도 충분하지 않다고 생각한다.

거절 12.

형은 매년 가족 여행을 계획하고 즉시 지시를 따르지 않으면 화를 낸다. 매번 당신에게 전화해 여행 관련해서 지시를 내린 다면?

형

> 야, 가격 오르기 전에 비행기표 빨리 사둬!

> 형, 이번엔 형이 사는 거 어때?
> 매번 나 혼자 하는 건 아닌 것 같아.

나

✂ -

NO!! 거절 가이드

당신은 형이 선의라는 것을 알지만, 그가 지배광이란 사실도 안다. 성가신 것은 그의 문제지 당신 문제가 아니다.

친척의 지나친 요구를
거절하기

당신은 가족 내에서 성실함으로 평판이 제일이다. 모두가 당신을 충실한 가족해결사로 생각한다. 가족 선물을 사고, 가족에게 꽃을 보내고, 가족 병문안을 가고, 가족과 관련한 각종 기술 문제를 해결하고 고모할머니와 식료품 쇼핑을 가고 긴급 상황을 처리하는 등 가족의 일에 앞장선다. 아마 당신 또한 자신이 하지 않으면 아무것도 해결되지 않는다고 생각할지도 모른다.

당신은 혹시 자신만이 신뢰할 만한 사람이라고 생각하지 않는가? 문제는 당신 가족 모두가 그렇게 생각한다는 것이다.

그런데 '그밖의 친척들'이 무리한 부탁을 하거나 사소한 요청을 해올 때 그들의 요청을 거절하는 일은 불편하다. 당신이 요청을 거절하거나 관례를 바꾼다 해도 부모님과 형제자매는 무조건적인 사랑을 주겠지만, 사촌, 팔촌, 시누이, 매형, 삼촌, 이모와는 긍정적이고 건실한 관계를 유지하는 것이 힘들 수 있다.

당신 마음속에서 죄책감이 고조되었을 때 조심하라. 정기적으로 모든 친척의 요청을 들어주다보면 결국 이용당한 느낌을 받을 수 있다. 당신은 가족과 좋은 관계를 유지하면서 '그밖의 친척들'의 요구를 여전히 잘 거절할 수 있다.

거절 13.

당신 이모는 당신이 꽤 뛰어난 피아니스트란 것을 알고 있고
어린 조카를 위해 연주해줄 것이라고 확신한다. 하지만 연습할
시간 없이는 불가능한 일이라면?

이모

> 우리 딸 오보에 리사이틀에 급하게 피아니스트가
> 필요해. 네가 도와줄 거지?

> 이모, 전 안 되겠어요. 전 적임자가 아닙니다.
> 전문적인 음악가 찾을 수 있을 거예요.

나

✂ --

NO!! 거절 가이드

수락하면 당신은 하고 싶지 않은 시간만 잡아먹는 일에 얽매이게 될 것이다.

거절 14.

당신의 육촌이 이메일 또는 페이스북에서 개인 메시지를 보내
왔다. 당신이 교수라는 이유로 조카의 대학교 과제를 검토해달
라고 부탁한다. 보통 때 연락도 잘 하지 않는 친척의 부탁 들어
줘야 할까?

> 너 영어과 교수잖아. 철수가 내일까지 영어에세
> 이 제출해야 하는데 한번 검토해줄래? 내일 제
> 출해야 되는데, 못 내면 이번에 장학금을 받지
> 못할 거야. 지금 보낸다!

육촌

> 지금 너무 바빠서 못할 것 같아요. 학교에 아침 일
> 찍 검토해줄 수 있는 교사나 대학 진학 상담사를
> 찾아보시는 게 좋을 것 같아요.

나

✂ ---

NO!! 거절 가이드

당황은 그들만의 것이다. 원한다면 다음 에세이를 검토해주겠다고 하고, 시간 여유를
두고 보내야 한다고 요구하라.

거절 15.

매년 가족모임에서 여자들은 요리를 하고 남자들은 밖에서 풋볼을 즐긴다. 하지만 여자인 당신은 풋볼 경기에 동참하고 싶다.

삼촌

이번 가족 모임 때도 언제나 그런 것처럼 너희들이 저녁 준비할 거지?

있잖아요, 삼촌.
전 요리 말고 풋볼 경기에 참가하고 싶어요.

나

✂ ---

NO!! 거절 가이드

성별에 기초해서 일을 정하고 싶지 않다는 걸 밝혀라. 그러면 다른 여성들도 의견을 내도록 힘을 줄 수 있고 남성 친척들도 음식 준비하는 것을 선택하도록 장려할 수 있다.

거절 16.

결혼식 주례를 봐주기로 했던 목사님이 주례를 볼 수 없게 되었다. 이 이야기를 전해들은 고모할머니가 잘 모르는 친척에게 주례를 부탁하신다고 말씀하신다. 하지만 당신은 만난 적도 없는 사람이 주례 보는 것을 원치 않는다면?

알잖아, 네 사촌 형부가 성직자야.
그가 할 수 있어. 내가 전화해서 물어볼게.

할머니

할머니, 전화주셔서 감사해요.
일단 다른 사람 찾아보고 없으면 전화 드릴게요.

나

✂ -

NO!! 거절 가이드

좋은 의도를 가진 사람들은 당신의 선호도나 당신이 어떻게 문제를 해결하려 하는지 생각하지 않고 선을 넘어온다. 이럴 때는 정중하게 거절하는 것이 좋다.

거절 17.

SNS에서 정치적으로 당신보다 굉장히 적극적인 친척이 있다.
뉴스피드에 매일 그의 의견 포스팅을 보는 것은 괜찮지만, 그
와 같은 관점도 아니고 공개 토론에 참여하거나 연루되고 싶
지 않다. 그런데 자주 자신의 정치적인 성향을 당신에게 강요
한다면?

친척

이번 선거에서 정치인 OOO에게 투표할 거지?

나
…….

✂ --

NO!! 거절 가이드

SNS에서 당신은 조용히 지낼 권리가 있다. 의견에 반대하는 무언가를 이야기하
면 온라인상에서는 비판의 대상이 될 수 있다. 친척이 당신의 현관 앞에 나타나서
캠페인 팸플릿을 흔들며 의견을 뿜어내지 않는 한 조용히 내버려두는 것이 제일
좋다.

거절 18.

당신은 사진을 잘 찍지만 전문 사진작가는 아니다. 취미로, 아니면 가끔 선물하기 위해 사진을 찍는 편인데, 중요한 사촌 결혼식 사진을 찍어달라고 부탁해온다면?

작은엄마

> 사촌 결혼식 때 네가 사진 찍을 거지?

> 아니오, 제가 전문가도 아니고
> 제가 맡을 일이 아닌 것 같아요.

나

✂ -

NO!! 거절 가이드

책임이 높고 완벽을 요하는 일이라면 가족에게 전문 사진사를 고용하도록 조언하라. 사촌을 위해 무언가 기발한 것을 해주고 싶다면 웨딩카를 꾸미거나 축하 멘트를 준비하는 쪽이 낫다.

사랑하는 사람의
부탁을 거절하기

사랑하는 사람의 요청을 거절하는 것은 부모님의 요청을 거절하는 것만큼 난이도가 높다. 사랑하는 사람을 기쁘게 하고 싶지만 무례한 요청을 들어주면 행복하지 않고 불편한 마음이 든다. 아무리 사랑하는 사람이라도 계속해서 마음 불편한 일이 생긴다면 그 요청이 달갑지만은 않을 것이다. 많은 연인들이 문자나 이메일로 부탁이나 요청을 하는데, 이는 갈등을 초래하는 잘못된 해석이나 조건반사 반응을 일으킬 가능성이 높다.

우리는 사랑하는 사람에게 쉽게 지는 경향이 있어 배우자의 요청을 단호하게 거절하는 것이 더 힘들다. 논쟁을 피하고 싶어서, 또는 아이나 일에 더 많은 시간을 쏟기 위해 그냥 요청에 응하기도 한다. 아니면 요청에 수락하는 것이 관계를 더 끈끈하게 만든다고 생각해 요청에 응한다.

하지만 당신이 불편함에도 불구하고 계속 수락만 하면 관계는 균형을 잃는다. 또 좌절감에 빠지기 쉽다. 이제 불편한 마음을 밝히고, 평등하고 균형 있는 삶을 만들어야 할 때다.

거절 19.

당신은 재택근무를 하고 배우자는 출퇴근을 한다. 하지만 당신이 매번 식사 준비를 한다. 똑같이 일을 하는데도 집에 있다는 이유만으로 집안일을 혼자 다 해야 한다면?

남편

집에 가는 길이야. 나 너무 배고파.
저녁 빨리 준비해줘.

오늘은 불가능해. 일이 너무 많아.
먹을 것 좀 포장해올래? 아니면 배달시키자.

나

✂ --

NO!! 거절 가이드

똑같이 일을 하고 있는데도 항상 당신이 저녁(또는 빨래, 세차)을 준비해야 한다면 이제는 그만하라. 집안일이나 식사 준비 방법에는 여러 가지가 있다.

#가족

거절 20.

당신은 남자친구를 정말 좋아한다. 결혼하고 싶은 마음은 들지만 그렇게 빨리 삶을 변화시킬 만한 결정을 하는 것은 이른 것같다. 게다가 남자친구와 이해하기 힘든 몇 가지 별난 점이 늘마음에 걸렸다면?

남친

> 우리 오래 알고 지낸 건 아니지만 너랑 결혼하고 싶어. 나랑 결혼해줘. 사랑해.

> 나도 사랑해. 하지만 결혼은 시간을 좀 갖고 생각할 큰일인 것 같아. 생각할 시간을 줘.

나

✂ --

NO!! 거절 가이드

의구심이 들면 약간 시간을 두고 지연시키는 것이 좋다. 평생 같이 보내야 할 사람인데, 신경이 쓰이는 부분이 있다면 여유를 가지는 게 좋다. 삶을 변화시킬 만한 결정에는 그게 무엇이든 시간이 필요하다.

거절 21.

당신 배우자는 부모님과 사이가 좋지 않다. 그들이 함께한다면 같이 있는 내내 갈등이 많을 것이다. 그런데 2주 동안 함께 있 어야 한다면, 또 그들을 중재까지 해야 하는 상황이라면?

이번 달 말에 엄마아빠가 2주 정 도 우리 집에 계시고 싶대. 괜찮지?

아내

제정신이야? 그렇게 오래는 안 돼.

나

NO!! 거절 가이드

1주일 손님을 참기는 괜찮다. 하지만 인척과 2주 동안 지내는 것은, 당신이 그들을 얼 마나 좋아하든 관계없이 정서적으로 힘든 일이다. 배우자의 집이기도 하지만 당신 집 이기도 하다. 당신에게도 누가 방문하고 얼마나 머물지 결정할 권리가 있다.

거절 22.

당신 부부는 개를 좋아하지만 키우는 것에 대해서는 의견이 다르다. 둘 다 개를 데리고 갈 수 있는 회사도 아니고 케어할 사람을 고용할 능력도 없다. 그런데도 남편이 종종 무턱대고 강아지를 키우자고 한다면?

남편

친구네 강아지들 봐봐! 한 마리 키우고 싶다. 친구네 강아지 네 마리는 이미 주인이 생겼대. 우리도 한 마리 키우면 안 될까?

우리 직업으로는 어려워. 개가 혼자 있는 시간이 너무 많을 거야. 우리 둘 중 하나가 시간이 여유로워질 때까지 기다리거나 아니면 낮 동안 개를 산책시켜 줄 수 있는 사람을 채용할 수 있을 때까지 기다리자.

나

✂ --

NO!! 거절 가이드

당신이 처한 상황에 대해 현실감을 주입하여 거절하자.

거절 23.

당신과 당신 남편 모두 직장에서 각자의 커리어로 인정받고 있고 성장하고 있다. 아이는 갖고 싶지만 천천히 갖기로 합의한 상태다. 하지만 남편이 계획과는 다르게 빨리 아기를 갖자고 몰아붙인다면?

남편

> 우리 이제 아기 가질 때가 된 것 같아.
> 빨리 갖자.

> 아직은 때가 아닌 것 같아.
> 우리 천천히 갖기로 합의한 거 아니었어?
> 1~2년 더 있다가 생각해보자.

나

NO!! 거절 가이드

임신 계획을 서로가 합의했는데도 불구하고 남편이 이를 어기고 강요한다면 단호하게 거절해야 한다. 그리고 서로의 커리어 계획을 다시 나누고 아이 갖는 시기를 다시 합의하는 것이 좋다.

거절 24.

아내가 올림픽 수영선수(달리기 선수, 체조선수, 농구선수)였고, 그녀는 따지 못한 메달을 아들에게 기대하고 있다. 그래서 아이가 원하지 않는데도 운동을 지나치게 많이 시킨다면?

아내

우리 영희, 다음주부터 수영 수업 두 개 더 추가할까 해.

그게 현명하다고 생각해? 난 완전 반대야. 그렇게 몰아붙이면 아이가 운동을 완전히 멀리하려고 할 거야. 다시 생각해봐.

남편

✂ --

NO!! 거절 가이드

아빠 말이 맞다. 당신의 복제품이 되도록 아이를 키울 수 없고 당신이 원하던 칭찬을 아이가 받도록 희망할 수도 없다.

거절 심리 퀴즈

당신은 가족 내에서 어떤 사람인가?

① 다른 사람이 하지 않는다는 이유로 추가적인 일을 자주 맡   YES ☐ NO ☐
  는가?

② 가족행사에 참여하고 싶지 않은데 자주 참석하는가?   YES ☐ NO ☐

③ 그들이 게시한 내용이 종종 당신을 화나게 하는데도 SNS에서   YES ☐ NO ☐
  무조건 가족을 팔로우해야 한다고 생각하는가?

④ 대화에 참여하고 싶지 않은데도 가족 단체 문자방에서 활동하   YES ☐ NO ☐
  는가?

⑤ 가족 모임을 주최할 때 까다로운 가족들의 입맛을 맞추기 위해   YES ☐ NO ☐
  애를 쓰는가?

⑥ 당신은 가족 간에 일어나는 싸움을 중재하는 사람인가?   YES ☐ NO ☐

⑦ 친척들이 당신 집에 방문해서 무례하게 스마트폰만 보고 있어   YES ☐ NO ☐
  도 말을 못하는가?

⑧ 당신의 희생에 대해 사촌이나 친척 등이 농담을 해도 웃어넘기   YES ☐ NO ☐
  거나 무시하는가?

⑨ 가족이 당신에게 관심도 없는 내용을 담은 전자메일을 계속해   YES ☐ NO ☐
  서 보내는가?

⑩ 사진 업로드 방법, 새로운 소프트웨어 설치방법 등을 잘 모를   YES ☐ NO ☐
  때 항상 당신에게 묻는가?

⑪ 잔소리를 듣지 않기 위해, 또는 기분을 상하게 하지 않으려고   YES ☐ NO ☐
  어머니나 시어머니 등 손윗사람의 지시대로 행동하는가?

'아니오'보다 '예'가 더 많다면 이제는 가족들과 새롭게 경계를 그을 때가 왔다.

제5장

직장에서
거절하고 싶은데
말은 못 하겠고

직장에서 효과적으로
'아니오'라고 말하기!

．
．
．
．
．
．

최고경영자이든, 최고경영자에 대한 야심을 품은 사람이든 막 내 부하직원이든 상관없이 직장인이라면 사회생활을 잘하는 사 람이 되고 싶을 것이다. 직책과 관계없이 회사는 요청이 쏟아지 는 곳이고, 그래서 거절하는 능력은 필수적이다.

일반적으로 직장에서는 아무리 어리석은 요구라도 응하는 것 이 상사, 때로는 고객을 기쁘게 한다. 하지만 이는 시대에 뒤처 진 사고다. 요구에 응하다 비참한 결과를 초래할 수 있다. 모두 나의 몫으로 남는다. 그래서 효과적으로 '아니오'라고 말하고 거 절하는 것은 중요하다.

효과적인 거절은 당신의 시간을 보호할 뿐만 아니라 업무 관 계에서 서로 존중심을 갖게 하고 관계를 긍정적으로 유지시킨 다. 당신은 직장생활에서 친구나 가족에게 하는 것처럼 하고 싶지 않은 일에 '아니오'라고 말하고 싶을 것이다. 하지만 직장에서는 거절에 대한 선택의 여지가 좁아 단호하게 거절하기가 힘들다. 그렇다고 항상 추가적인 일을 맡는 사람이 되어서는 안 된다. 당신이 꼭 수락해야만 할 때 응하는 것이 필요하다.

거절을 잘하지 못하는 당신은 어쩌면 실적에 지나치게 신경을 쓰는 사람인지도 모른다. 요청한 것처럼 일하지 않으면 사람들이 당신을 싫어한다고 생각하고, 또 미숙한 사람이라고 생각할까 봐 두려워하면서 말이다. 하지만 거절이 힘든 당신은 지금 직장에서 생각보다 많은 희생을 하고 있는지 모른다.

높은 실적, 그리고 다른 사람에게만 신경 쓰다보면 개인적인 생활은 어느 순간 엉망이 된다. 예를 들어 약속에 지각하거나 데이트를 취소하는 일들, 아니면 가족이나 친구와 함께 보내는 시간이 아주 적을 수도 있다. 더 중요한 것은 당신이 거절하지 못해 지나치게 일한 나머지 아프게 된다면, 당신은 그 누구에게도 도움이 되지 않는다는 것이다.

모든 것을 다 떠맡아 생기는 스트레스는 수면이나 불안 수준에 영향을 미치는 부정적인 반응을 일으키고, 이러한 요인은 업무 판단에 오류를 범하게 한다. 또한 좋지 않은 평가로 이어지기도 한다. 당신이 직장생활을 하면서 피하고자 했던 바로 그것 말이다.

사람들이 당신에 대해 부당하게 판단할 것이라는 걱정은 대부분 사람들의 마음속에서 과장되어 있다. 거절할지 말지 어찌할 바를 몰라 배회하는 것보다 거절한다고 단호하게 내뱉어라. '아니오'를 잘 활용하면 도움이 되지 않는 필요하지 않은 의무를 피할 수 있다.

거절 01.

당신 책상에 할일 목록, 프로젝트 서류와 음식 포장지가 널려 있다. 책상에서 자주 점심을 먹어 생겨난 것들이다. 요즘 지쳐서 오늘 점심만큼은 바깥에서 먹고 싶어, 막 나가려는 찰나 상사가 빨리 답변을 달라는 메일을 보내왔다면?

상사

> 김 대리, 계약서 오류를 검사할 사람이 필요해요. 가능한 빨리 답변 주세요.

> 부장님, 지금 점심이라 답변 드리기 어려울 것 같아요. 식사 하고 돌아와서 답변드리겠습니다.

나

(아니면 식사를 끝내고 사무실로 돌아올 때까지 답변하지 말라.)

✂ ---

NO!! 거절 가이드

단지 30분의 휴식만으로도 남은 일과를 위한 에너지를 충전할 수 있다. 연구자들은 '자신만의 휴식'은 원기를 회복하고 보다 생산적으로 일할 수 있게 해준다는 사실을 발견했다. 반면 이와 같은 휴식이 없다면 정신 쇠약을 초래한다고도 발표했다. 휴식시간, 점심시간은 오로지 당신의 시간이다.

거절 02.

오늘 당신은 사랑하는 애인과 저녁 약속이 있다. 그런데 퇴근 직전 상사가 오늘 초과근무를 할 수 있는지 묻는다면?

상사

> 김 대리, 오늘 추가로 몇 시간 더 근무할 수 있나요?

> 그러고 싶지만 오늘 저녁은 어려울 것 같습니다. 취소할 수 없는 약속이 있거든요. 하지만 이번 주 다른 날 저녁은 괜찮습니다.

나

✂ ---

NO!! 거절 가이드

어떤 작업을 처리해야 하는가? 마감일은 언제인가? 업무시간에 완료할 수 있는가? 컨퍼런스, 프레젠테이션, 외지에서 방문하는 고객 등과 같이 많은 준비가 필요한 주요한 행사에 관한 것인지, 아니면 일밖에 모르는 당신 사장의 일반적인 요청인지 생각해보고 거절할 필요가 있다.

거절 03.

김 부장님이 회사를 떠날 예정이라는 것은 알고 있었다. 하지만 그의 업무가 당신에게 올 것이라고 생각하지 못했는데 당신에게 업무가 재분배되었다면?

상사

김 부장은 사임했고, 나는 당신과 박 부장에게 그의 업무를 재분배할 예정이에요.

김 부장님 자리에 오실 분은 있나요? 제가 임시로 업무를 맡는 건가요?
그의 업무를 먼저 처리하려면 제 업무가 예정보다 늦게 완료될 테니 어떤 업무를 먼저 끝내야 하는지 알려주세요.

나

✂ --

NO!! 거절 가이드

퇴직한 직원의 업무를 담당한다는 것은 당신에게 추가 업무가 생겼다는 의미다. 상사에게 추가된 업무가 부담이 된다는 것을 알리는 것은 중요하다. 반드시 우선순위로 처리해야 하는 업무를 확인하고, 그 외의 일은 마감기한을 늘려 여유를 갖고 업무를 처리할 수 있도록 확인받아야 한다.

거절 04.

당신은 업무 속도가 항상 빠른 편이다. 상사가 그때마다 추가 적으로 일을 더 시킨다면 어떻게 거절해야 할까?

상사

> 우리 김 대리가 손이 빨라서 일을 참 잘해. 추가로 보고서를 5시까지 하나 더 처리할 수 있나?

> 알아주셔서 감사합니다. 추가 보고서는 할 수 있 지만 마감일을 내일이나 그 다음 날로 미뤄주시면 가능합니다.

나

✂ -

NO!! 거절 가이드

추가적인 임무를 수락할 때에는 성공적으로 임무를 수행할 수 있도록 현실적으로 가 능한 시간을 요구해라.

거절 05.

당신은 옆 팀 상사로부터 더 좋은 조건으로 팀 이동을 권유받았다. 하지만 갑작스러운 제안이고, 같은 회사 내에서 움직여야 하는 입장이라 직속상사와 같이 일하는 동료들의 시선도 걱정이 된다면?

상사

당신에게 더 좋은 조건을 제시하고 있는 겁니다(더 높은 급여의 직위, 더 나은 스케줄 등). 어떻게 생각하세요?

정말 좋은 제안 같네요.
지금은 승낙하기도 거절하기도 어렵네요.
며칠 내로 연락드리겠습니다.

나

✂ -

N O !! 거절 가이드

조건이 지금보다 좋은지, 승진이 확실한지 정확히 확인해라. 즉각적인 미래나 장래에 경제적 이득의 가능성이나 커리어 발전이 있는지 판단하고 결정하면 좋다.

거절 06.

회사 직원들은 모두 회사 이메일을 체크한다. 업무가 많은 바쁜 회사이긴 하지만, 밤낮 없이 주말에도 항상 고객의 요청에 대응할 수는 없다. 그런데 상사가 개인 휴대전화에서 이메일을 확인할 수 있게 설정하라고 지시한다면?

상사

> 회사 이메일을 휴대전화에서 볼 수 있게 설정해 놓으세요. 그럼 언제나 연락할 수 있고 확인도 바로 가능하니까요.

> 부장님, 회사 이메일을 잘 주시하도록 하겠습니다. 그런데 제 휴대폰으로 연결하는 것은, 글쎄요, 힘들 것 같습니다.

나

✂ -

NO‼ 거절 가이드

무리한 요청을 수용 가능하고 감당할 수 있는 요청으로 바꿔라. 급한 업무 말고는 주말이나 밤에 업무와 관련된 전화를 받는 것은 사생활 침해이고 일반적으로 업무를 넘어서는 것이다.

누군가의 요구보다
내 업무가 먼저

직장에서 승진하기 위해 때때로 자신이 처리할 수 있는 것보다 많은 것을 떠맡곤 한다. 하지만 너무 많은 임무를 떠안고 계속 일을 받아들이는 것은 생각해볼 문제다. 힘들어 하는 동료나 상사의 부탁을 들어주기만 한다면, 조직 내에서 문제 있는 요구 패턴이 형성될 수 있다. 당신이 계속 조직에서 다른 사람의 요구를 들어준다면 추가적인 업무가 생길 때 상사와 동료들은 당신이 먼저 생각날 것이다. 그리고 그 업무가 잘못되었을 때도 마찬가지로 당신이 먼저 생각날 것이다.

당신은 회사생활에서 거절하면 자리가 위태로워질 거라 생각할지도 모르겠다. 아니면 다른 사람의 일을 더 쉽게 만들어 행복을 느낄지도 모르겠다. 스스로에게 물어보라. 동료가 나를 돕는 것보다 내가 그를 더 돕고 있는가? 모든 일이 순조롭게 진행되기를 원하는 마음에 상사의 요청에 '예'라고 말하고 있지는 않은가.

자신의 업무에 능숙해지려면 그날 또는 한 주 동안 성취하고자 하는 할일 목록을 작성해라. 할일 항목을 인지하고 있으면 그 일을 우선시할 수 있고, 방해하는 요청을 보다 효율적으로 거절할 수 있다.

거절 07.

직장동료가 당신과 똑같이 일하도록 배정받은 프로젝트(미완성)의 절반을 첨부해 다음과 같이 부탁했다면?

동료

> 저 진짜 힘든 한주 보냈는데 나머지 대신 해줄 수 있을까요?

나

> 힘든 한주였다니 유감이군요. 하지만 전 제가 맡은 부분을 하는데 특정 시간을 할당했어요. 다른 방법 찾으셔야 할 것 같아요.

✂ -

NO!! 거절 가이드

그는 자기 자신을 보호하려 한다. 그는 당신의 호의를 받을 만하게 행동하고 있지 않다. 고마워할 줄 아는 다른 동료에게 당신의 에너지를 쏟아라.

거절 08.

사무실 사람들은 당신이 신참이었을 때를 기억한다. 그들은 때때로 그때의 당신을 떠올린다. 하지만 지금은 승진해서 현재의 위치까지 올라왔고, 업무도 변했다. 그런데도 예전 업무를 도와달라고 부탁한다면?

상사

새로운 비서가 오늘 출근합니다.
당신이 그녀를 교육해주세요.

기꺼이 할 수 있지만, 내일 프레젠테이션을 합니다.
시간이 없어요. 다른 분께 배우는 게 그녀도 더 편할 거예요.

나

✂ --

NO!! 거절 가이드

한 번 당신이 일을 해결하면 그 다음에도 똑같은 부탁을 하게 된다. 사람들에게 더 이상 당신의 역할이 아니라는 걸 상기시켜줄 필요가 있다.

거절 09.

당신 동료는 숨이 막힐 정도로 당신 일에 참견한다. 또 당신과
가깝게 지내는 것이 업무에 중요한 사람으로 보이게 해 언제
나 함께 행동하려 한다. 그래서 이번에도 굳이 참석하지 않아
도 될 미팅에 함께 간다고 부탁한다면?

동료

> 그 미팅에 저도 같이 갈게요.
> 거기서 당신을 지지하고 응원할게요.

> 도와주시는 마음 고맙지만 이 문제는 제가 직접 해
> 결하고 싶고 혼자 할 수 있습니다.

나

✂ --

NO‼ 거절 가이드

이 사람이 진정으로 도움이 되는지, 아니면 회사에서 유리한 당신의 지위나 당신의
현재 또는 미래의 성공에 달라붙으려는 것인지 생각하고 결정해라.

거절 10.

언제나 으스대는 동료는 당신에게 이래라 저래라 하기를 좋
아한다. 당신보다 먼저 입사해 그가 더 잘 안다고 생각하긴 했
지만 쓸데없는 참견을 너무 하는 바람에 그의 비판에 싫증이
났다면?

동료

> 김 대리님, 그 사진은 이번 프로젝트에
> 사용할 만한 사진이 아니에요.

> 조언 고마워요.
> 조금 더 생각해보고 고민해볼게요.

나

✂ --

NO!! 거절 가이드

커리어에 관한 가장 좋은 충고는 대개 긍정적이고 남에게 마음을 쓰는 사람들이
준다.

거절 11.

당신은 사무실에서 비교적 새내기이다. 모두가 당신이 젊고 기술에 밝은 직원이라며, IT 부서(물론 추가 임금 없이 말이다)의 일도 할 수 있다고 생각한다. 게다가 관리자는 문제를 당신에게 전가해 그 사안에 대해 처리하는 것을 피하고 싶어 한다면?

상사

> 김 대리가 젊으니까 마케팅 부서 사람들에게 트위터 사용 방법을 가르쳐줄 수 있죠?

> 저에게 부탁해주셔서 감사하지만 생각만큼 저는 뛰어나지 않아요. 전임 소셜 미디어 마케팅 담당자를 고용하거나 짧은 기간 동안 일해줄 외부 컨설턴트를 고용하는 것이 좋을 것 같습니다.

나

✂ ---

NO!! 거절 가이드

당신의 거절이 초래할 수 있는 곤란한 상황이나 문제를 인정해라. 가장 직설적인 방법으로 분명한 이유를 함께 전하면 된다. 돕고 싶지만 거절할 수밖에 없는 이유가 좋다.

거절 12.

당신은 비서이지 개인 비서가 아니다. 조직 내 계급은 냉정하
지만, 반복되는 심부름이 계속된다면 거절할 수 있어야 한다.

상사

> 점심 먹고 아스피린 한통이랑 검은색 팬티스타킹
> 하나 사다주시겠어요?

> 이사님, 점심시간에 약속이 있어서
> 사다드릴 시간이 없을 것 같아요.

나

✂ -

NO!! 거절 가이드

상사의 심부름꾼이 되기 시작하면 당신은 상사의 새끼 고양이를 위한 깔개를 사고,
상사의 아픈 친척을 위한 회복기원 카드를 사는데 점심시간을 허비할지도 모른다. 심
부름은 되도록 거절하는 것이 좋다.

늘 동의만 하는
상사라면

상사라고 거절이 쉬운 것은 아니다. 상사들도 거절을 할 때 어려움에 직면한다. 권한 있는 위치에 있으면 복잡한 요청, 긴장의 가능성 및 다양한 단계의 의무와 직면한다.

남의 비위를 잘 맞추는 리더가 모든 일을 수락한다면 직원간의 화합, 고객 관계, 생산성에 문제를 초래한다. 스트레스가 쌓인 상사는 신중히 생각해야 할 일을 단순히 처리해버리고 싶은 마음에 직원의 요청을 허용하기도 한다. 특히나 현실적으로 수용할 수 없거나 수용해서는 안 되는 요청을 수락하는 것은 사람들을 지휘하는 리더십에 마이너스가 될 수 있다.

일반적으로 상사는 직원에게 일관성 있게 강경한 태도를 유지하는 것이 훨씬 좋다. 어느 순간에는 친절했다가 또 어떨 때는 거칠게 행동하는 태도를 보이는 것보다 말이다. 상사에게서 보다 예측 가능하고 일관된 대우를 받는 사람들은 상사의 바뀌는 태도에 어떻게 반응할지 모르는 사람들보다 스트레스를 적게 받는다.

거절이 힘든 상사라면 '아니오'라는 단어를 자주 활용하자. 또 거절이 담긴 말이면서도 당신 직원들을 소중히 생각하고 있다는 언어를 사용하자. 당신의 거절이 업무, 회사, 고객과 어떻게 관련되어 있는지 명확하고 분명하게 전달하자.

거절 13.

열심히 일하는 직원 중 한 명이 금요일 아침 당신에게 주말에 업무를 마감할 테니 꼭 확인하라고 부탁한다면?

부장님, 토요일 오전에 프레젠테이션 준비를 끝낼 생각이에요. 토요일에 이메일로 보내드릴 테니 컨펌 부탁드립니다.

김 대리, 그럴 필요는 없어요. 주말에는 전화를 꺼두고 있고, 당신도 꺼두는 게 좋아요. 주말에는 휴식이 필요하니까요. 월요일에 제일 먼저 확인할게요.

✂ --

NO!! 거절 가이드

최근 설문 조사에 따르면 끊임없이 업무 관련 연락을 받게 되면 업무 관계와 직원들의 복지에 좋지 않은 영향을 미칠 수 있다고 한다. 밤이나 주말에 업무 관련 연락을 받아야 한다는 압박감은 업무 수행 능력을 떨어트리고 불안감을 안겨준다. 근무시간 외 업무 관련 연락은 상사든 부하직원이든 피하는 게 좋다.

거절 14.

지나치게 깔끔한 직원이 동료의 지저분함에 대해 이의를 제기하며 해결해달라고 요청한다면? 들어주자니 시간 낭비일 것 같지만 상사로서 그의 불만에 공감도 한다.

직원

부장님, 김 대리는 너무 지저분해요. 그가 중요한 무언가를 놓칠까 봐 걱정돼요. 그에게 대신 말 좀 해 줄 수 있나요?

김 대리에게 이 얘길 한 적 있나요? 제 생각엔 제가 개입할 필요 없이 이 팀장이 김 대리가 정리하도록 도울 수 있을 것 같아요. 먼저 이 방법을 써 보세요.

나

NO!! 거절 가이드

매번 부모처럼 개입하면 당신은 불필요한 부담을 질 수 있다.

거절 15.

제일 유능한 직원이 불만에 차서 고객을 험담한다. 그는 회사에서 그 고객을 상대할 수 있는 유일한 사람이다. 그 일을 다른 사람에게 넘기면 고객이 오해할 여지가 있는데, 그 직원이 다른 직원에게 일을 넘겨달라고 부탁한다면?

직원

그 고객은 터무니없는 일만 요구해요. 어떻게 이렇게 말도 안 되는 요구를 제가 들어줘야 하죠? 다른 사람에게 이 일 넘겨도 될까요?

그 고객이 힘들게 하는 점은 논의의 여지가 없네요. 하지만 당신이 제일 적임자인 걸요. 보다 효과적으로 대처할 수 있는 방법을 함께 찾아봅시다.

나

✂ -

NO!! 거절 가이드

그 직원이 맡은 일을 처리할 수 있게 도와주고, 더불어 해결책에 대해 멘토링도 해야 한다. 험담을 같이 하면 직원의 사기를 떨어뜨릴 수 있으니 최대한 고객의 험담을 하지 않도록 신경을 써라.

거절 16.

열심히 일하는 직원이지만 급한 성격 때문에 다른 직원들 앞에서 상사인 당신을 곤혹스럽게 한다. 그때마다 정말 짜증이 난다. 과거에 이러한 일이 있을 때 가능한 빨리 해결하려고 문제가 되는 일을 회피하거나 그의 요청을 들어주었다. 그런데도 매번 소리를 지르고 화를 내며 요구사항을 주장한다면?

직원

사장님, 김 대리 지각 때문에 그 업무를 제가 매번 처리할 수 없어요. 계속 이런 식으로 김 대리를 내버려두시면 안 됩니다. 그는 해고당해야 해요!!!

진정하세요. 당신 불만 충분히 이해합니다. 미팅을 갖고 함께 논의해봅시다.

나

✂ --

NO!! 거절 가이드

통제 불가능한 감정으로부터 벗어나기 위한 유일한 방법은 꾸준하고 침착한 리더십이다. 이는 몹시 화가 나 있는 직원이 보고 배울 수 있고, 감정적인 요구는 통하지 않는다는 걸 알려줄 수 있다.

거절 17.

수많은 미팅과 전화 통화로 내일 오후는 절대 시간이 날 것 같
지 않은데 신입사원이 인터뷰 요청을 했다면?

직원

> 이사님, 몇 가지 드릴 질문이 있는데요.
> 내일 오후 사무실에 찾아가도 되겠습니까?

> 내일 오후는 어렵습니다. 그 다음 날은 어때요?
> 11시, 2시, 4시에 시간이 있어요.

나

✂ --

NO!! 거절 가이드

너무 짧게 "너무 바쁠 것 같아요" 또는 "미안하지만 안 될 것 같아요"로 응답하면 그
직원을 경시하고 있는 것처럼 보일 수 있다. 답변에는 일단 거절하되 가능한 특정 시
간대를 알려주는 것이 좋다.

거절 18.

당신은 한 직원의 경제상황이 어렵다는 것을 알고 있다. 그는 최근에 아기도 낳았다. 당신은 그의 재정적인 부담을 이해하고 있지만 무리한 부탁을 받았다면?

> 사장님, 부탁드리기 정말 어렵고 죄송한대요. 혹시 다음 달 급여 미리 당겨서 받을 수 있을까요?
>
> 직원

> 유감스럽지만 당신이 요구하는 것은 회사 정책에 위배됩니다.
>
> 나

✂ -

NO‼ 거절 가이드

직원 중 한 사람에게 선지급을 승인하는 일은 회사 정책에 따라 다르다(정 도움이 되고 싶다면 개인 돈으로 그를 도와주는 방법이 있다).

친하지 않은 동료의 부탁을
거절하는 법

당신이 어떤 직위에 있든 회사 밖에서 회사 동료들과, 그것도 친하지 않은 동료들과 어울리는 것은 귀찮은 일이다. 그런데 소셜미디어는 진짜 친구와 직장동료의 경계 구분을 어렵게 만들었다.

근무 외 시간에 1분이라도 함께 보내고 싶지 않은 직장동료들도 있다. 이런 경우를 제외하면 직장동료이면서 친구인 사람들과 회사 밖에서 시간을 함께하고 싶을 것이다.

또 친한 직장동료의 결혼식에 참석하는 것은 즐거운 일이지만, 친하지 않은 동료의 결혼식은 즐겁지만은 않다. 주말을 모두 잡아먹는 결혼식은 짜증을 불러일으킨다. 업무상 만난 사람을 친구로 생각할지, 아니면 업무상 아는 사이로만 생각할지 명확히 하자. 그럼 피곤하고 귀찮은 일로 고민하는 시간이 조금은 줄어들 것이다.

거절 19.

출퇴근길에 카풀을 하면 '벗'이 생긴다는 이점이 있다. 차가 막힐 때 이야기를 나눌 수 있고, 업무 관련 문제점을 의논하고, 기름값도 아낄 수 있다. 하지만 친하지 않은 직장동료가 카풀을 제안했다면?

동료

김 대리, 우리 카풀해요.
출근길에 당신 집을 지나쳐 가거든요.

좋은 생각이지만, 제 시간이 좀
들쑥날쑥해서 힘들 것 같아요.

나

✂ --

NO‼ 거절 가이드

당신의 탄력적인 생활이 영향을 받고, 바로 직전에 스케줄 변경을 하는 것을 참을 수 없다면 단호히 거절하라.

거절 20.

새로운 직장동료가 링크트인, 페이스북, 스냅챗, 인스타그램,
트위터에 친구 요청을 하면서 '안녕!'이란 메시지를 친숙한 이
모티콘과 함께 보내왔다면?

동료

김 대리, 내가 메시지 보냈는데 왜 답장 안해요?

소셜미디어를 아직 잘 몰라서요. 최대한 빨
리 응할게요.

나

✂ ---

NO!! 거절 가이드

그녀와 어떤 사이로 지내고 싶은지 결정할 때까지 그 동료에 대해 좀 더 두고 보는 것
이 합리적이다.

거절 21.

당신은 헬스장에서 45분짜리 스피닝 수업을 즐기고 있고 스피닝 클래스를 가는 어떠한 동기부여도 필요하지 않다. 업무 말고 다른 생각을 할 수 있어 혼자 다니는 게 좋은데 직장동료가 같이 운동하고 싶다고 부탁한다면?

동료

퇴근 후에 운동하시죠? 체육관 함께 다니면 운동할 동기부여가 될 것 같은데 같이 하면 안 될까요? 저 정말 동기부여가 필요하거든요.

아니요, 힘들 것 같아요. 그때가 저에게 주어진 유일한 혼자만의 시간이거든요. 당신이 싫어서가 아니라 혼자하고 싶어요. 이해 부탁드립니다.

나

✂ -

NO!! 거절 가이드

운동하는 동안 벗이 필요하다거나 벗을 원하는 게 아니라면 짧은 혼자만의 시간을 지켜라.

#직장

거절 22.

일 년에 한 번 있는 크리스마스 파티에서 에그노그 한 잔을 마시고 있는데 상사가 다가와 업무 관련 일을 물어본다면?

상사

> 다음 주에 있을 프리젠테이션에 대해 생각해봤는데 초점을 다르게 바꾸면 어떨 것 같습니까?

나

> 정신이 맑은 월요일에 이야기 나누고 싶습니다. 요새 이사님 아이들은 어떻게 지내나요?

✂ -

NO!! 거절 가이드

상사에게 업무 관련 이야기를 하고 싶지 않다고 말하는 것이 묘하게 느껴질 수 있으니 주제를 바꿔라. 자녀들에 관한 이야기가 일반적으로 좋다.

거절 23.

동료는 직접 당사자에게 화를 내기보다 그 불만을 당신에게 이야기하고 조언을 구해 화를 푼다. 당신이 매번 그 동료의 불평 상대라면?

박 대리는 정말 멍청한 것 같아요. 명백하게 지시를 했는데도 또 제대로 하지 못했어요. 이번엔 꼭 짚고 넘어가야겠어요.

동료

미안한데, 나 그 일에 관련되고 싶지 않아요. 인사팀에서 그 문제를 해결해줄 것 같은데요.

나

✂ --

NO!! 거절 가이드

그가 당신에게 이야기하러 오는 것이 당신의 통찰력이나 지지를 높이 평가하는 표시일지라도 기뻐하지 말라. 그의 불평 상대가 되어주는 경우 언젠가 당신과 함께 일할지 모르는 동료에 대해 좋지 않은 견해를 갖게 될 가능성이 있다.

거절 24.

당신은 김 대리와 친하지만 여행을 함께 갈 정도는 아니다. 즉 방을 공유하고 해변가에서 느긋하게 시간을 보내고 삼시세끼를 같이하며 유대의 시간을 보내는 일을 굳이 회사 사람과는 하고 싶지 않다. 이때 동료의 여행 제안 어떻게 거절해야 할까?

> 이번 휴가에 갈 리조트예요. 저와 함께 갈래요?
> 즐거울 거예요.

동료

> 정말 좋은 곳이네요. 그런데 올해 휴가는 이미 정했고 저는 혼자 가는 여행을 좋아해요.

나

✂ ---

NO!! 거절 가이드

직장동료와 너무 가까워지는 것이 부담스럽다면 휴가나 여행에 대해서는 정확히 선을 긋는 것이 좋다. 회사가 아닌 곳에서는 당신 삶을 더 자세히 공유하고 싶어 할지 모른다. 마음이 불편하다면 끙끙 앓지 말고 정확하게 말하자.

거절하기 힘든 상황에서 거절하기

직장생활을 해본 사람이라면 일을 힘들게 만드는 사람을 경험한 적이 있을 것이다. 독단적이고 거친 요구를 하는 사람들은 상사, 동료 또는 밀어붙이기만 하는 고객일 수 있다.

직장생활에서 부딪히는 문제 중 대다수는 책임자들로부터 생긴다. 이 책임자들이란 상사로서 그들의 직위와 그 직위가 제공하는 권력을 찬양하는 자들을 말한다. 그들 중 일부는 일이 그들의 삶이고, 그들 자체이다. 그들은 회사 또는 직업과 동등하다. 어떤 사람의 세계가 일과 성공을 중심으로 움직일 때, 그 사람의 요구는 부당할 확률이 높다.

또 까다로운 직장동료들은 지속적으로 선을 넘고 그것에 대해 아무렇지 않게 생각한다. 당신은 이것을 바꿀 수 있다. 당신이 원하는 것을 분명하게 해 대안을 협의해라. 불확실성을 내비치는 '단지' 또는 '미안하다'는 말을 사용해서 '아니오'를 약화시키지 말라. 이는 당신의 대답에 불확실성을 시사하고 요청자는 자신의 요구가 본인의 권리 범위 내에 있다고 생각하게 만든다. 다음은 거절하기 힘든 어색하고 복잡한 상황을 예시로 보여준다. 각각의 상황에 따라 어떻게 효과적으로 거절할지 생각해보자.

거절 25.

당신 동료는 아주 건강해 보인다. 그는 당신이 상사에게 거짓
말을 하길 바라고 있다. 하지만 반대로 당신이 원할 때 똑같은
일을 해줄 것 같지는 않다.

동료

영희 씨, 저 내일 일찍 퇴근해야 하는데 만일 부장
님이 물어보면 몸 상태가 좋지 않다고 말씀해주실
수 있나요?

썩 내키는 일은 아니네요.
직접 부장님께 메모를 남기면 어때요?

나

✂ ---

NO!! 거절 가이드

다른 사람을 돕기 위해 당신의 원칙을 망가뜨리지 말라.

거절 26.

당신도 대응 불가능할 만큼 어려운 고객이 있지만 당신 대신 전화해줄 대타를 찾지 않는다. 그런데도 동료는 까다로운 고객을 항상 당신에게 떠넘긴다면?

동료

> 이 고객에게 다시 전화해주세요. 쉽지 않지만, 당신을 잘 알지 못하니까 어쩌면 수많은 질문 없이 정보를 받을 수 있을 거예요.

> 저는 못하겠어요. 고객에게 이메일 보내 보세요. 아니면 팩스? 제가 전화하면 정말 이상하게 보일 것 같아요.

나

✂ ---

NO!! 거절 가이드

그럴듯한 대안을 제시하면 당신의 거절이 표시되고, 곤란한 상황에서 벗어날 수 있다.

거절 27.

당신 상사는 당신에게 어떤 방법을 사용해서라도 일을 마무리 하라고 지시했다. 당신이 동의하지 않거나 비윤리적인 전략이라면 어떻게 거절해야 할까?

상사

> 더 많은 계약(고객, 비즈니스, 일)을 따와야 합니다. 어떤 방식이든 상관없어요.

> 제안하시는 부분 중 이해할 수 없는 부분이 있네 요. 비윤리적인 방법을 사용하고 싶지 않습니다.

나

✂ --

NO!! 거절 가이드

비윤리적인 일을 하도록 요청받았을 때, 정면으로 건의해라. 자신의 입장을 분명히 하면 당신의 상사는 당신을 협박하거나 당신의 원칙을 굽히도록 요구하는 것이 어렵 다고 느낄 것이다. 당신은 자신이 넘지 않아야 할 선에 대해 알린 것뿐이다.

거절 28.

그가 보고서를 쓰는데 도움을 주긴 했지만, 함께 이름을 올릴 정도의 도움을 받은 것은 아니다. 그럼에도 불구하고 이름을 같이 올리기를 원한다면 어떻게 거절해야 할까?

동료

> 괜찮으면 제 이름도 완성된 보고서에 같이 올릴 수 있을까요?

> 그건 아닌 것 같아요.
> 제가 아주 오랫동안 열심히 완성한 보고서예요. 다음 번이 좋겠어요.

나

✂ -

NO!! 거절 가이드

보고서 완성에 당신이 가장 많이 노력했다면 당신의 노력을 희석하거나 칭찬을 받을 자격이 없는 다른 사람이 끼어드는 것을 허용하지 말라.

거절 29.

정 팀장은 당신이 입사한 이래로 당신의 자리를 노려왔다. 당신 몰래 상사에게 뒷 이야기를 한 것도 몹시 화가 나지만, 상의하지도 않고 상사가 결정한 것이 황당하다면?

부사장

> 새 프로젝트에서 당신을 제외하려고 해요. 정 팀장이 당신이 3달 후면 출산 예정이고 그 시점이 일이 많을 시점이라면서요?

> 저는 이 프로젝트에 큰 관심이 있고 자격이 있습니다. 저는 그 일을 할 수 있어요. 공평한 기회를 원합니다.

나

✂ ---

NO!! 거절 가이드

상사는 정 팀장이 방해 공작을 펼치려 한다는 걸 깨닫지 못했다. 신중하고 합리적인 직원이 이길 수 있는 기회가 높다는 걸 보여줘라.

거절 30.

잘 알지 못하는 직장동료가 다른 회사에 지원한다고 알려온다. 그 회사는 당신 친구가 있는 회사고 친구는 관리자급이다. 직장동료가 친구에게 자신을 추천해달라고 부탁한다면? 게다가 동료는 일을 잘 못하는 편이다.

당신 친구가 일하는 곳에 나한테 잘 맞는 일자리가 있어요. 그 자리에 지원하려고 하는데, 추천자가 되어주시거나 친구분께 전화해서 잘해달라고 부탁해주실 수 있나요?

동료

전 별로 영향력이 없어요. 저보다 더 강한 영향력 있는 분께 부탁하셔야 할 것 같아요.

나

✂ --

NO‼ 거절 가이드

어떤 분야든 비즈니스 세계는 좁다. 당신이 신용하지 못하는 사람을 추천하면 사람을 판단하는 당신의 능력에 부정적인 영향을 받을 수 있다.

#직장

거절 31.

중요한 회사의 행사라 참석하고 싶지만 당신의 휴가는 회사 일
정표에 8개월 전부터 잡혀 있었다. 여행 계획은 확정되었고 비
용도 모두 지불했는데 상사가 휴가를 바꾸라고 한다면?

상사

> 휴가일 바꿀 수 있나요?
> 연말행사에 당신이 필요합니다.

> 죄송한데 바꾸기 힘들 것 같아요. 모든 비용을 지불
> 한 상태입니다. 이 비용을 대신 지불해주시면 생각
> 해볼게요.

나

NO!! 거절 가이드

항상 충성심과 압박감에 굴하면 일이 당신의 개인적인 시간보다 우선시되는 상황이
많아질 것이다. 당신은 합당한 휴가를 냈고, 결제가 난 건이다. 미안한 상황이긴 해도
휴가를 취소해서 생길 불이익이 너무 크다.

거절 심리 퀴즈

당신은 사무실에서 언제나 '예스맨'인가?

① 휴식시간이나 식사시간 동안 일을 하지 않은 게 언제인지 기억   YES □ NO □
   나지 않는가?

② 보통 요구받은 것보다 더 많이, 또는 당신이 하기로 한 일 보다   YES □ NO □
   더 많이 일하는가?

③ 당신은 당신이 맡은 일이 너무 많다고 느끼지만 거기서 빠져나   YES □ NO □
   거야겠다고 생각하지 않는가?

④ 어떤 업무 수행을 거절하면 당신이 불합리하거나 팀플레이할   YES □ NO □
   줄 모르는 사람으로 보일까 봐 두려운가?

⑤ 한 번 이상 태만한 직장동료의 일을 처리해준 적이 있는가?   YES □ NO □

⑥ 다른 누구보다 훨씬 더 많이 기여했던 프로젝트가 적어도 두 건   YES □ NO □
   이상 떠오르는가?

⑦ 하고 싶지 않거나 직무에 필요 없는 요청에 응한 적이 있는가?   YES □ NO □

⑧ 직장 동료의 기분을 상하게 하지 않으려고 하고 싶지 않은 일을   YES □ NO □
   맡은 적이 있는가?

⑨ 함께 일하는 몇몇 사람들의 니즈를 자신의 니즈보다 높게 두는   YES □ NO □
   가?(ex. 항상 상사의 니즈를 자신의 니즈보다 높게 둔다).

⑩ 주말에도 돌잔치, 퇴임 잔치에 다녀오고 동료들과 저녁 식사를   YES □ NO □
   하는가?

'예'라는 대답이 많으면 직장에서 거절하는 올바른 방법을 찾아야 할 때다.

제6장

사생활을 침해하는 사람들에게 거절하고 싶은데 말은 못 하겠고

왜 낯선 사람들의 부탁을
거절하지 못할까?

NO!

부탁하는 사람이 누구든 거절하는 것은 어려운 일이다. 당신이 고용한 목수, 미용사 또는 최근에 공원에서 만난 낯선 사람들의 요청보다 오히려 상사나 부모님의 요청을 보다 더 쉽게 거절할 수 있다. 여기서 낯선 사람이란 당신이 잘 모르거나 전혀 모르는 사람을 의미한다.

상품을 판매하거나 거래를 체결하고 구독을 권유하는 사람들은 늘 확신에 가득 차 말한다. 그들은 그들이 너무 옳은 것처럼 이야기해서 당신이 그들의 부탁을 방어할 수 없게 만들고, 그들의 그런 완강함은 당신을 지치게 한다. 강압적인 사람들의 부탁을 거절하는 것은 마치 적절한 장비 없이 빙판의 절벽을 오를 때 오히려 뒤로 미끄러지는 느낌 같다.

게다가 나보다 다른 사람이 더 많이 안다는 생각이 불안과 합쳐지면 확고함과 결단력은 흐려진다. 털실 가게 주인은 당신보다 뜨개질을 잘할지는 모르지만, 당신 집에 잘 어울리는 담요를 스타일링할 수는 없다.

당신이 누군가에게 동의하는 이유는 나보다 다른 사람이 더 나은 취향과 더 많은 경험이 있다고 생각하기 때문이다. 그런 생각은 스스로를 압박하고 괴롭게 한다. 의견을 내세우지 못해 짜증이 나기도 하고, "내가 거절만 했다면…"이라고 후회하게 만들기도 한다.

당신 주위에는 당신의 결심을 흔들리게 하는 사람들이 많다. 이제 그들에게 거절하는 연습을 해보자.

당신을 속여
거절하지 못하게 하는 사람들

도급업자는 당신에게 무엇을 해야 하는지 설명하고, 당신이 고려해본 적 없던 리모델링을 하게 한다. 텔레마케터는 당신의 시간을 뺏고, 판매원은 당신이 원하거나 필요하지 않은 것을 사게끔 감언이설(실제로는 강압)을 하도록 훈련 받는다. 그리고 우리는 거절하지 못해 구매한 물품을 집에서 보고 실망하고 스스로에게도 실망하는 일을 반복한다. 상식적으로 당신은 단호하게 거절해야 하는 것을 알지만 이상하게도 거절을 하지 못한다.

거절을 한다 해도 위와 같은 사람들은 당신의 거절을 듣지 않거나 못 들은 척한다. 무언가 이득이 없다면 그들은 묻지 않기 때문이다. 우리는 더 이상 그들의 호구가 되지 말아야 한다. 거절의 말이 힘들다면, 전화를 끊거나 판매 권유를 무시하는 정도면 충분하다. 언제 누군가가 판매를 강요할지 예상할 수 없지만 우리는 언제 어디서든 거절의 말이 필요하다.

거절 01.

화장품 가게에서 판매원이 당신 뺨에 새로운 색상의 블러셔를, 입술에는 도발적인 색상의 립스틱을 듬뿍 발라준다. 당신은 그렇게 잘 어울리는지 모르겠는데, 자꾸 잘 어울린다며 구매를 유도한다면?

판매직원

> 고객님, 그 색상 진짜 잘 어울리시네요. 고객님께 잘 맞고 진짜 빛나 보이세요. 상품 계산해 드릴까요?

> 아니오, 괜찮아요.
> 저는 저랑 어울리는지 잘 모르겠어요.

나

✂ -

NO!! 거절 가이드

부모님, 친구, 동료도 아닌 판매원에게 굳이 변명까지 하지 않아도 된다. 그리고 그들의 감정까지 걱정할 필요는 없다.

거절 02.

판매원이 할일은 판매, 즉 많이 파는 것이다. 아마 그 판매원은 노출이 심한 수영복도 무조건 잘 어울린다고 말할지 모른다. 당신은 무엇을 입든 판매원 앞에서는 너무 잘 어울리는 사람이다. 판매원 말이 의심은 들지만 무언가 사야 할 의무와 압박감 때문에 충동구매를 자주 한다면?

이 옷 사지 않으면 후회할 거예요. 가능도 많고 이거 요새 안 입은 사람이 없어요. 다 한 벌씩은 갖고 있어요.

판매원

제가 보기엔 저한테는 어울리는 것 같지 않은데요. 생각 좀 해봐야 할 것 같아요. 다시 올게요.

나

NO!! 거절 가이드

원치 않는 대화를 빨리 피하기 위해, 또는 예의바르고 정중하게 보이기 위해 다른 사람의 판단을 수긍할 수 있다. 우리는 빈손으로 가게를 나와도 괜찮다. 옷을 입어보고 사지 않았다는 미안함 때문에 어울리지도 않고 필요하지도 않은 옷을 사는 건 현명하지 않다.

거절 03.

당신은 시장 조사를 통해 그 지역 부동산 판매가를 잘 알고 있다. 부동산 조건을 고려해보면 당신이 제시한 가격이 터무니없이 높은 가격이 아니다. 하지만 중개업자는 빨리 팔아야 중개 수수료를 빨리 받을 수 있기 때문에 자꾸만 가격을 낮추라고 제안한다.

중개업자

> 지금 갖고 있는 아파트를 팔고 싶으시면 가격을 낮추셔야 할 거예요. 지금 이 가격으론 팔기 어려워요.

> 아니오. 이 가격으로 좀 더 기다려보겠습니다. 꼭 받을 수 있을 것 같아요.

나

✂ -

NO!! 거절 가이드

당신이 충분히 조사를 해서 정확한 정보를 가지고 있다면, 전문가의 말일지라도 쉽게 마음을 바꾸지 말아라. 상황이 바뀌어 매매 대금이 빨리 필요한 상황이 온다면 중개업자가 원할 때가 아닌 당신이 원하는 시점에 희망가를 낮추면 된다.

거절 04.

헬스 2회 무료 강좌 중 두 번째를 마쳤다. 당신은 무료로 받은 강좌 때문에 헬스클럽에 정식으로 돈을 지불하고 회원등록을 해야 할 것 같다. 그렇지 않으면 트레이너에게 피해가 갈 것 같고, 무엇보다 미안할 것 같다.

고객님, 10회 트레이닝 언제부터 수강하시겠어요?

트레이너

아직 결정을 못했어요. 헬스장에 얼마나 자주 올 수 있을지 생각해보고 결정할게요.

나

NO!! 거절 가이드

우리는 무료 강좌에 너무 많이 속는다. 이 무료 강좌는 당신이 헬스클럽에 더 많은 돈을 소비하도록 유혹하는 미끼일 뿐이다. 미안해서 무언가를 구입하는 일은 건강을 위한 것이라고 해도 신중하게 생각하고 결정할 일이다.

거절 05.

당신은 자동차 부품에 문제가 있어 수리를 맡겼다. 수리를 맡기면서 얼마의 비용이 드는지도 확인했다. 막상 자동차를 찾으러 가니 정비업자가 요새 가게가 경제적으로 얼마나 힘든지, 물가가 너무 비싸 인건비도 안 나온다는 말을 하면서 원래 비용보다 더 많이 요구한다면 어떻게 해야 할까?

아까 말씀드렸지만, 부품이 생각보다 비용이 많이 들었어요. 요새 저희 상황이 어렵거든요. 정말 힘들어요. 원래는 무료로 해드리려 한 부품도 있는데 안 될 것 같아요.

정비업자

처음이랑 말이 다르시네요. 약속하신 금액으로 맞춰주세요. 추가적인 금액은 부담하지 않을 겁니다.

나

✂ ------

NO‼ 거절 가이드

누군가의 슬프고 힘든 이야기를 들을 때마다 당신의 주장을 굽힌다면, 당신은 수중에 돈이 한 푼도 없을 것이다. 슬픈 이야기를 쏟아내어 당신의 결심을 꺾기 전에 슬픈 이야기를 하며 징징대는 사람들을 확실히 거절하라.

거절 06.

텔레마케터들은 쉴 새 없이 전화하고 쉴 새 없이 이야기한다.
상대방의 이야기를 잘 듣지 않고 자기 할 말만 한다. 여유가 없
고 바빠 통화하기 힘들다고 말해도 끊기는커녕 이야기가 길어
지기 일쑤다. 이럴 때 어떻게 해야 할까?

텔레마케터

> 짧은 전화 조사를 하고 있어서 몇 가지 질문 좀
> 드리고 싶은데요. 몇 분밖에 안 걸릴 겁니다.

> 바빠서 통화가 불가능합니다. 전화하지 말아주
> 세요(그래도 계속 말한다면 그냥 수화기를 내려
> 놓아라).

나

✂ ---

NO!! 거절 가이드

예의 없는 행동을 하고 싶지 않지만 친절하게 상황을 전달했는데도 내 의사를 무시
하고 일방적으로 통화를 한다면 전화를 끊는 것도 방법이다. 통화가 힘들다고 전달했
는데도 끊지 않는 건 전화 건 사람이 무례한 것이지 당신이 무례한 것이 아니다.

의지하는 일이라도
단호하게 말하기

우리가 정말 필요로 하고 의지하는 사람들이 우리를 이용하거나 괴롭히거나 좋지 않은 조언을 한다면 우리는 불행해질 수 있다. 도움을 받아야 한다는 생각 때문에 불합리함에도 묵묵히 따른다면 화가 나거나 격분할 일이 생긴다.

베이비시터가 자신의 스케줄 위주로 시간을 요구해서 당신의 사회생활 스케줄을 좌지우지한다든지, 페인트공이 자기 마음대로 페인트 색을 고른다든지, 지붕 수리공이 자기가 편할 때만 수리를 하러 온다든지 하면 당신의 방식을 바꿀 때가 온 것이다. 당신이 고객임을 다시 상기시켜야 한다.

단호하게 행동하고 말하면 다른 사람에게 의지하는 일일지라도 약간의 관할권이 생긴다. 그들은 자신에게 주어진 일을 하면서도 그 일의 결과나 결정이 당신에게 어떤 영향을 끼치는지 신경 쓰지 않고 일한다. 당신이 그들의 제안대로 따른 결과 때문에 속이 타도 그들은 그 결과를 감수하도록 내버려둔 채, 다음 고객과의 일이나 다음 일을 진행한다.

당신이 한 번쯤은 겪을 만한 이런 상황에서 당신을 괴롭게 하거나 실망시키는 사람들에게 거절하는 연습을 반복해보자.

거절 07.

이제까지 가정교사는 네 번 스케줄을 변경했다. 아이에게 가정 교사의 지도가 필요해서 그동안 아무 말도 하지 않았다. 다음 부터는 그냥 넘기지 않겠다고 다짐하던 차에 또 수업 전날 밤 약속을 변경하려고 한다면?

가정교사

> 어머니, 내일 수업 6시에 힘들 것 같아요.
> 8시로 변경할 수 있을까요?

> 계속 이러시면 곤란합니다. 약속한 시간을 자주 바
> 꾸는 것은 매번 혼란스럽고 불쾌합니다.

나

✂ ---

NO!! 거절 가이드

반복되는 스케줄 변경은 신뢰를 주지 못한다. 문자는 직접 충돌을 피하는데 유용하지 만, 얼굴을 맞대고 말하는 것이 더 효과적이다.

거절 08.

당신이 계약한 토건업자가 약속한 시간에 일을 마치지 못했는데도 별일 아닌 것처럼 이야기하고 있다. 그는 이미 보수를 받았음에도 자신이 원하는 시간에 남은 일을 처리하고 싶어 한다. 많은 것을 요구하는 까다로운 사람처럼 보이고 싶진 않지만 감정이 이미 상해버렸다면?

토건업자

> 추가 부품을 사러 가야 하는데 오늘은 시간이 없네요. 일단 임시 패치를 설치해두고 다음 주쯤 오도록 할게요.

> 안 됩니다. 의논했던 것처럼 오늘 완성하는 것이 저한테는 중요합니다. 오늘 완성할 수 있는 방법을 찾아주세요.

나

✂ -

NO‼ 거절 가이드

당신이 아무 말도 하지 않으면 토건업자는 그가 말한 것에 대해 당신이 동의한다고 생각할 것이다. 확고하게 "안 됩니다"라고 말해야 그가 당신의 일을 먼저 처리해줄 것이다.

거절 09.

당신은 먼저 병명 때문에 놀랐고 의사의 경력과 명성에 겁을 먹었다. 당신에게 믿을 만한 의학적 의견을 주는 친구는 그 의사가 전공 분야에서 최고라 말한다. 그 의사는 자신의 진단이 정확하며 다음 수요일에 수술 가능하다며 수술을 재촉한다. 하지만 당신은 조금 더 알아보고 결정하고 싶다면?

의사

> 다음 주 내로 바로 수술해야 합니다.
> 제가 이 병은 잘 알고 있어요.

> 저는 다른 의견도 들어보고 싶습니다.
> 아마 선생님 의견과 일치할 테지만 말이죠.

나

✂ ---

NO!! 거절 가이드

당신은 의사의 비위를 맞춰주었다. 따라서 만일 당신이 분별력 있는 결심을 통해 수술을 받기를 원한다면 당신을 위한 수술 스케줄을 다시 잡아줄 것이다. 실력 있는 의사들은 다른 의사의 상담을 받는 환자를 거부하지 않는다.

거절 10.

사진작가의 작업을 온라인으로 찾아봤기 때문에 이 작가를 고용하는 것에 확신이 있었다. 당신은 그에게 꽤 많은 돈도 지불했다. 그런데 그의 마케팅을 도와야 하는 상황이라면?

이제까지 진행했던 촬영 중 최고의 사진 작업이 없습니다. 저희 홈페이지에 사진 몇 장 올려도 될까요?

사진작가

당신 작업은 정말 마음에 들지만 저희 사진을 게시하는 것 안 했으면 좋겠어요. 다음에는 기회가 될 수 있을지 모르겠지만 말이죠.

나

✂ -

NO!! 거절 가이드

당신은 사진작가에게 신세를 졌다고 느끼지 않고도 좋은 고객이 될 수 있다. 아마도 당신은 그 사진작가의 부탁을 거절한 첫 번째 고객이 아닐 것이다.

주제넘은 참견에
대처하기

뜻밖의 장소에서 무례한 지적을 받는 것이 어떤지 우리 모두는 알고 있다. 인터넷상에서, 또는 사람들이 있는 곳에서 사적인 생활에 참견하는 낯선 사람들은 때때로 보이지 않지만 당신을 힘들게 한다. 아무리 친분이 있는 사람이라도 무례한 행동을 하면 모르는 사람으로부터 공격당하는 것처럼 느껴질 수 있다. 특히 당신 방식이 옳은지 확실치 않을 때 듣는 비난은 당신을 힘들게 한다.

낯선 사람들이 당신에 대해 참견한다면 응답을 적게 하고 비협조적인 것에 굳이 사과하지 말라. 협조적인 것과 다른 사람의 말을 듣는 것이 꼭 예의바른 것은 아니다. 당신을 불편하게 하거나 화나게 하거나 의심스러운 제의는 단호하게 거절하라.

거절 11.

#NO!

쇼핑몰에서 한 여성이 젖병을 문 당신의 아기를 보며 분유보다
모유가 최고라며 팸플릿을 건네준다. 모르는 사람이 주제넘은
참견을 해온다면 어떻게 대처해야 할까?

옆사람

> 아이 참 예쁘네요. 그런데 아이한테는 분유보다
> 모유가 최고죠. 지금 잘못 하고 계신 거예요.

> 팸플릿 필요 없어요. 그리고 저는 지
> 금 아이와 둘이 있고 싶어요.

나

✂ ---

NO‼ 거절 가이드

그 모르는 여성은 당신에 대해 알지도 못하고 당신이 왜 젖병을 사용하는지 사정도
모른다. 굳이 모르는 사람에게 당신의 사정을 말할 필요도 없다. 주제넘은 참견에 친
근한 대응은 필요하지 않다.

거절 12.

전혀 모르는 사람이 사적인 질문을 한다. 당신은 대답하고 싶지 않지만 대화를 딱 끊어버리는 냉혈한으로 보이고 싶지도 않다.

옆사람

> 원피스 정말 잘 어울리시네요. 물어보면 안 되는 건 아는데, 그거 얼마인가요?

> 감사합니다만 기억이 나지 않아요. 그리고 기억이 나더라도 말씀드리고 싶지 않아요.

나

✂ ---

NO!! 거절 가이드

낯선 사람이 선의로 물어보는 것이더라도, 당신이 말하고 싶지 않다면 굳이 말할 필요가 없다.

거절 13.

당신은 아이 하나를 키우기로 했고 가족들도 동의했다. 하지만 완전히 모르는 사람이 아이를 더 낳으라고 참견한다면?

옆사람

> 아이가 하나인가요? 아이들에겐 형제자매가 필요해요. 빨리 한 명 더 낳으세요.

> 우리는 아이 하나에 충분히 만족하고 행복해하고 있어요. 실례지만 읽던 책 다시 읽을게요.

나

✂ ---

NO!! 거절 가이드

그 질문이 당신이 품고 있을지 모르는 의문을 다시 떠올리게 하더라도 뻔뻔하게 참견하는 자들에겐 퉁명스런 대답이 적절하다. 병원 대기실, 식료품점이나 놀이터에서 만난 누군가가 아닌, 당신과 당신의 배우자만이 가족계획을 고려할 수 있다.

거절 14.

당신과 아들은 놀이터에서 가장 좋아하는 곳에 있다. 다른 아이들보다는 아들이 작아 보일 수 있으나 누구보다 놀이터를 잘 활용해서 논다. 그럼에도 종종 다른 부모들에게 지적을 받는다. 이런 부모들의 무례함을 참을 수 없다면 어떻게 반응해야 할까?

옆사람

실례합니다. 저 아이는 당신 아이인가요? 저렇게 정글짐에서 놀기에는 너무 어려 보이는데요. 아이가 혼자서 내려올 수 있나요?

어려도 잘할 수 있어요.
제가 항상 지켜보고 있고 문제없어요.

나

✂ ---

NO!! 거절 가이드

오로지 당신만이 아이에게 안전한 것이 무엇인지 안다.

거절 15.

수개월의 입덧 후 드디어 식욕이 돌아왔다. 의사로부터 한 끼는 당신이 좋아하는 것, 즉 초밥을 먹어도 된다는 동의를 받았지만 웨이터가 자꾸 다시 되묻는다면?

웨이터

> 임신중이셔서 초밥 말고 다른 음식을 주문하셔야 할 거 같은데요?

> 아니오, 괜찮습니다.
> 주문한 것으로 준비해주세요.

나

✂ -

NO!! 거절 가이드

짧은 응답으로 그의 '충고'가 불필요한 충고임을 깨닫게 하자.

거절 16.

당신은 아이와 핏불 종인 록시와 공원 주변에서 매일 산책을
한다. 록시는 새끼 때부터 키운 개이고, 당신이 없을 때 유모차
주변 보초까지 선다. 록시는 누구보다 이상적인 보모견인데,
위험한 상황에 아이를 방치하는 부모인 것처럼 다른 사람들이
참견을 한다면?

옆사람

> 어떻게 저 개와 함께 아이를 함께 두나요?
> 핏불에 대해 아무것도 모르시나요?

> 괜찮아요. 제 개를 누구보다 잘 알아요.
> 그리고 그런 말씀 불편합니다.

나

✂ -

NO‼ 거절 가이드

누군가 당신의 행동에 대해 이의를 제기하면, 침착한 태도를 유지하면서도 확실하게
말해야 한다.

거절 심리 퀴즈

당신은 강압적인 사람들에게 영향 받기 쉬운 사람인가?

① 누군가 당신을 계속해서 귀찮게 한다면 항복하는 스타일인가?   YES ☐   NO ☐

② 법률문서, 전화약정 세부사항, 자동차 작동 등 잘 알지 못하는   YES ☐   NO ☐
   것이라면, 그들이 더 전문가니까 잘 알고 있을 것이라고 생각하
   고 제시된 것을 그대로 따르는가?

③ 판매원 설득에 넘어가 필요하지 않거나 원치 않는 추가 서비스   YES ☐   NO ☐
   를 신청한 적이 있는가?

④ 정말 불편한 시간이어도 배관공(상대방)의 스케줄대로 따르기   YES ☐   NO ☐
   도 하는가?

⑤ 옷 쇼핑을 할 때 판매원이 자신에게 잘 어울린다고 했던 품목을   YES ☐   NO ☐
   가득 갖고 탈의실에 들어가는가?

⑥ 예상치 못한 특이한 요청을 받은 경우, 그 자리를 피하기 위해   YES ☐   NO ☐
   또는 빨리 끝내버리기 위해 요청에 동의하는가?

⑦ 무례하거나 둔감하게 보일까 봐 텔레마케터 전화를 끊거나 거   YES ☐   NO ☐
   절하는 것이 어려운가?

⑧ 헬스장 직원이 좋은 몸매를 유지하려면 필요하다고 해서 그가   YES ☐   NO ☐
   말하는 대로 운동 장비를 구입한 적이 있는가?

'아니오'보다 '예'가 많다면 당신은 사생활을 침해하는 자들을 경험한 적이 있다. 당신이 무슨 말을 하든 당신에게 무언가를 팔거나 당신을 평가하거나 조언하기를 포기하지 않는 자들 말이다. 예상치 못한 상황에서 자신을 보호하려면 당신은 주의를 더 기울여야 한다. 일차적인 방어는 거절하는 것에 익숙해지는 것이다.

거절할 때 죄책감 버리기

당신은 승리한 운동선수들이 그들의 승리를 기뻐하며 두 팔을 흔들며 뻗어 올리는 것을 본 적 있을 것이다. 당신이 거절을 잘 하면 챔피언처럼 팔을 하늘 위로 올리며 "바로 이거야!"라고 소리치는 것처럼 느낄 수 있다. 적절하게 거절하는 것은 나만의 사생활 선을 보호해주고, 시간을 아끼고, 무엇보다 목표에 집중할 수 있게 한다.

"해야 되나?" 또는 "하지 말아야 하나"를 연습으로 생각해보라. 새로운 기술을 배울 때처럼 처음 몇 번은 어려울 것이다. 하지만 거절하는 노력만으로도 매사에 충동적으로 기꺼이 응하기만 하는 삶에서 벗어날 수 있다. 하다보면 거절이 고민되고 어려운 것이 아니라 짧은 시간 쉬운 일임을 느끼게 될 것이다. 거절에 익숙해지면 자유로워지고 즐거워진다.

당신이 그려놓은 선을 넘으려는 사람들이 많다. 그들을 언제나 주시하고 관찰하라. 무언가 요청 받았을 때 직관적으로 거절하는 게 좋겠다고 생각이 든다면, 그 생각을 관철할 투지를 갖고 행동하는 것이 좋다. 당신에게 무언가 부탁을 하는 사람들은 당

신이 언제나 동의만 할 거라고 생각하지 않는다. 아마도 당신이
주장이 강한 사람이라면 사람들은 부탁하기를 주저할 것이다.
대부분의 사람들은 거절당하기 원치 않기 때문에 부탁하는 것
자체를 피할 것이다. 그것이 사람의 본성이다.

거절할 용기나 자극이 필요할 때 거절하는 것을 그다지 어려
워하지 않는 친구, 친척, 동료를 떠올려라. 당신이 생각하기에
어렵지 않은 요청이었는데도, 그 요청을 거절한 친구들은 아직
도 당신 친구다. 아마 당신은 여전히 그들을 존중하고 좋아할 것
이다.

이제 거절하는 것에 죄책감을 버리고 거절할 때마다 느낄 즐
거움과 자유로움을 생각해라. 죄책감은 쓸데없는 감정이다. 죄
책감은 시간 낭비이고 정신 건강에 낭비만 될 뿐이다. 죄책감을
느끼지 않아야만 당신이 맡은 중대한 일에 집중할 수 있고 중요
하지 않은 것들은 무시할 수 있다.

때때로 자신의 영역을 표시하는 것은 어려울지도 모르지만
원할 때마다 거절할 수 있도록 연습하라. 실패할 때도 있겠지만

자책할 필요는 없다. 당신이 부탁을 들어줬던 사람은 언젠가 또 부탁할 것이고, 당신은 그때 다시 거절하면 된다.

거절하는 것은 쉽지 않고 때때로 매우 불편한 일이다. 하지만 습관적인 동의는 불안, 화, 스트레스, 후회와 무기력감이 혼합된 감정을 불러온다. 그래서 당신이 우선시할 사항을 잘 정해두는 것은 중요하다. 원하는 것이 무엇인지를 파악해서 당신의 니즈를 포기하지 않아야 한다.

당신의 노력이 무력화되고 힘들어질 때 이러한 생각과 기도는 당신을 떠받쳐줄 것이고 거절하는 것을 어렵지 않게 해줄 것이다. 그것들은 자신의 목표와 우선시할 사항에 계속해서 초점을 맞추도록 도와주고, 따라서 원하는 것을 성취할 수 있게 해주며 다른 사람이 당신에게 무리하게 요구하는 걸 무시하게 해줄 것이다.

거절하는 법을 배운다는 것은 다른 사람의 비위를 맞추는 질병에 대한 예방접종이다. 이제까지 당신은 어떻게, 왜, 그리고 언제 거절하는 법을 사용하고 익숙해질 수 있는지 배웠다. 거절이라는 두 글자는 삶에 존재하는 긴장, 스트레스, 짜증을 많이 덜어준다. 계속해서 다른 사람의 발판이 되었던 날들에 안녕을 고할 때, 자기 자신을 좀 더 사랑할 수 있을 것이다.

당신이 시간과 도움을 나눠주려 할 때는 정말로 돕고 싶은 사람들의 요청에 선뜻 동의할 수 있도록 선별해라.

이제 당신은 거절할 수많은 방법을 알고 있고 무엇을 또는 누구를 거절해야 하는지 잘 이해했다. 당신은 너무 자주, 너무 많이 요구하는, 설득력 있는 사람들을 이겨낼 것이다. 당신은 자청하지 않을 것이고 요청받은 일을 하기로 약속하기 전에 요청한 사람의 동기에 대해 고려하기 시작할 것이다. 요청의 처리과정, 즉, 단숨에 동의하기 전에 요청을 분석하면 동의한 뒤에 당신이 느끼는 실망과 내면에 존재하는 갈등을 피할 수 있다.

거절하는 것은, 당신 삶의 주인이 되기 위한 의식적인 노력을 하는 것이다. 아직 시작하지 않았다면 오늘 시작하자. 당신이 기분 좋게 만들려는 사람들의 맨 앞에 당신이 위치할 것이고, 그곳이 바로 당신이 속할 곳이다.

거절하고 싶은데 말은 못 하겠고

초판 1쇄 인쇄 2019년 12월 24일
초판 1쇄 발행 2019년 12월 30일

글쓴이 수잔 뉴먼
옮긴이 안지은
그린이 안언정

펴낸이 박세현
펴낸곳 팬덤북스

기획 위원 김정대 김종선 김옥림
기획 편집 윤수진 오진환
디자인 이새봄
마케팅 전창열

주소 (우)14557 경기도 부천시 부천로 198번길 18, 202동 1104호
전화 070-8821-4312 | **팩스** 02-6008-4318
이메일 fandombooks@naver.com
블로그 http://blog.naver.com/fandombooks

출판등록 2009년 7월 9일(제2018-000046호)

ISBN 979-11-6169-102-2 03320